Basic Korean Cuisine

한 권으로 끝내는

한식 조리

박향숙 · 이혜경 · 김귀순 · 김운진 · 양동휘 · 전보경

㈜지구문화
JIGU CULTURE Co.Ltd

머리말

한국음식은 봄 · 여름 · 가을 · 겨울 사계절이 뚜렷한 환경에서 자란 다양한 식재료와 유구한 역사 속에서 개발되어 전승된 우수한 조리법이 발전을 거듭하여 온 자랑스러운 전통 민속문화의 한 분야입니다.

아울러 세계가 지구촌화하면서 케이팝(K-Pop)을 비롯한 영화 · 드라마 등 한류문화 열풍이 세계를 휩쓸고 있습니다. 한국음식 역시 세계인에게 맛과 영양, 그리고 건강식품(웰빙, well being)으로 크게 호응받고 있습니다.

필자들은 한국음식 조리 분야에서 풍부한 실무경험과 대학 조리학과 강의를 통해 정리해 온 내용들을, 한국 조리를 공부하고자 하는 분들이 쉽게 습득할 수 있도록

PART Ⅰ 한식 조리의 이해 Chapter 1 한국 음식문화의 이해에서는 한국의 음식문화/한국음식의 상차림/의례 음식의 상차림/세시 음식
Chapter 2 한식 기초조리 실무에서는 조리기구 및 계량 도구/한식의 기본 양념 및 고명/육수/상차림
Chapter 3 한식 조리에서는 조리의 이해/한식조리의 종류
PART Ⅱ 한식 조리기능사에서는 재료썰기/현재 출제되고 있는 30종류의 한국음식의 실기와 2024년 예상문제 2종류를 알기 쉽게 만들 수 있도록 사진과 함께 구성하였습니다.

모쪼록 한국음식 자격증을 취득하고자 하는 분들에게 도움이 되고, 한국발전에 도움이 되기를 기대합니다. 선배 교수님들과 전문가 여러분들의 지도와 편달과 성원을 부탁드립니다.

끝으로 이 책이 햇빛을 보기까지 처음부터 함께했던 이혜경 선생님 여러모로 도움을 주신 윤수선 교수님과 사랑하는 제자 한다정님 양해준님에게도 감사하며 ㈜지구문화 임직원 여러분께 깊은 감사를 드립니다.

따스한 봄날에

저자 대표

차례

머리말 / 3

PART Ⅰ 한식 조리의 이해

Chapter 1 한국 음식문화의 이해

1. 한국의 음식문화 ········ 8
2. 한국음식의 상차림 ········ 10
   1. 반상(飯床) 차림 / 10
   2. 죽상(粥床) 차림 / 12
   3. 장국(면상, (麪床))차림 / 12
   4. 주안상(酒案床) 차림 / 12
   5. 교자상(交子床) 차림 / 12
   6. 다과상(茶菓床) 차림 / 13
3. 의례 음식의 상차림 ········ 13
4. 세시음식 ········ 16

Chapter 2 한식 기초조리 실무

1. 칼 ········ 22
2. 숫돌 ········ 22
3. 기본썰기 ········ 22
4. 한식썰기 ········ 24
5. 한식의 기본양념 ········ 26
6. 한식 고명 ········ 27
7. 육수 ········ 29
8. 상차림 ········ 30
9. 계량 도구 ········ 32

Contents

Chapter 3 한식 조리

1. 조리의 이해 ······ 34

2. 조리의 종류 ······ 37

1. 한식 밥 조리 / 37
2. 한식 죽 조리 / 39
3. 한식 국, 탕 조리 / 42
4. 한식 찌개 조리 / 43
5. 한식 전, 적 조리 / 44
6. 한식 생채, 회 조리 / 46
7. 한식 조림, 초 조리 / 49
8. 한식 구이 조리 / 50
9. 한식 숙채 조리 / 52
10. 한식 볶음 조리 / 53

PART II 한식 조리기능사

01 재료썰기 ······ 56
02 무생채 ······ 60
03 도라지생채 ······ 64
04 더덕생채 ······ 68
05 겨자채 ······ 72
06 육회 ······ 76
07 미나리강회 ······ 80
08 잡채 ······ 84
09 탕평채 ······ 88
10 칠절판 ······ 92
11 콩나물밥 ······ 96
12 비빔밥 ······ 100
13 장국죽 ······ 104
14 완자탕 ······ 108

차례

15 두부젓국찌개 ······ 112
16 생선찌개 ······ 116
17 두부조림 ······ 120
18 홍합초 ······ 124
19 생선전 ······ 128
20 육원전 ······ 132
21 표고전 ······ 136
22 풋고추전 ······ 140
23 섭산적 ······ 144
24 화양적 ······ 148
25 지짐누름적 ······ 152
26 너비아니구이 ······ 156
27 제육구이 ······ 160
28 북어구이 ······ 164
29 더덕구이 ······ 168
30 생선양념구이 ······ 172
31 오징어볶음 ······ 176
32 오이소박이 ······ 180
33 배추김치(보쌈김치) ······ 184

[부록] 한식조리기능사 시험안내 ／ 188

참고 문헌 ／ 196

PART Ⅰ

한식 조리의 이해

Chapter 1. 한국 음식문화의 이해
2. 한식 기초조리 실무
3. 한식 조리

Chapter 1

한국 음식문화의 이해

1. 한국의 음식문화

한반도에는 기원전 6000년경부터 신석기인들이 살고 있었으며, 고기잡이나 사냥을 주로 하다가 원시적인 농경생활로 바뀌면서 북방 유목민들이 유입되고 청동을 사용하게 되면서 농경생활이 정착되었다.

그 이후에는 철기를 사용하게 되면서 부족국가시대로 들어서게 되고 벼, 기장, 보리, 콩, 수수 등 곡류를 재배하여 안정적인 농경이 발달되면서 풍년을 기원하는 제천의식 및 조상을 기리는 제례행사를 진행하였다.

삼국시대 고구려, 백제, 신라 세 나라는 식량생산을 으뜸으로하는 중농정책을 시행하여 벼농사를 위주로 양곡의 공급을 목적으로 임대법과 진휼제도를 시행하여 쌀의 생산이 증가될 수 있도록 정책을 펼쳤고 신라가 통일하면서 쌀 외에도 밀, 보리, 귀리, 콩 등도 식량의 중요 작물이 되었다.

삼국시대는 어업과 수렵, 가축을 길러 식용으로 사용되었고 재배되는 채소로는 무, 상추, 가지 등과 부추, 마늘, 파, 박, 동과 등이 재배되었음을 주서(周書)에 언급되었고 신라는 불교의 영향으로 차 문화가 발달되었는데 본초도경(本草圖經)을 보면 "박하잎을 재배하여 차로 마신다."라고 하였으며, 이미 삼국시대는 구기자, 오미자, 황기, 감초 등 식재료와 약재를 사용한 차와 음료를 마시는 문화였으며 음식과 더불어 중요한 식문화의 역할을 하였다.

삼국사기에는 제례에 술, 떡, 차, 과정류 등이 사용되었음을 알 수 있고 삼국시대 쌀과 곡류를 이용하여 만든 종류로는 지지는 떡인 전병류, 시루에 올려찌는 설기떡, 시루떡이 있고 절구나 떡판에 올려 찐 떡을 다시 식감을 위해 치는 떡인 인절미, 절편류가 있으며 모양을 내어 빚는 송편류, 그리고 찌는 밥 형태의 약밥과 오곡밥 등이 있었다.

또한 삼국시대는 발효식품과 저장식품이 발달하였다. 장류는 콩을 원료로 하는 된장류와 간장 식재료를 발효시킨 식초가 있고, 채소 절임류는 소금에 절인 것, 초와 소금에 절인 것, 장류에 절인 것, 소금과 술에 절인 것 등이 있고 김치류에는 간장, 소금, 젓갈 등을 이용하여 만들었다.

조선시대에 고추가 유입되면서 양념과 다양한 조리법이 생겨나게 되었다.

첫 번째는 메주가루에 고춧가루와 엿기름을 혼합한 고추장이며, 두 번째는 고춧가루와 채소류, 젓갈을 넣어 만든 김치류라고 할 수 있다.

이 두가지 음식은 한국의 식문화를 대표하는 음식이 되었고 현대에 와서도 간장, 된장, 고추장, 김치 등은 만드는 방법이 무형문화재로 가치가 있다. 또한 앞으로도 식문화 발전에 꼭 필요한 역할을 할 것이다.

사계절이 있어 계절마다 다양한 식재료를 활용하고 있고 지역마다 그 지역의 특색 있는 식재료나 조리법으로 로컬푸드인 향토음식이 발달되었다.

한국음식은 주식이 쌀로 채소류를 주로 섭취하였으나, 현대에 와서는 육식과 지방의 섭취가 증가하고 있으며 가공품과 외식산업의 발달로 식문화가 다양해지고 있다.

한국음식의 조리법은 소화가 잘 되도록 익히는 방식이 많고 두 가지 이상 조리법을 활용하므로 시간적으로 오래걸리는 슬로우 푸드라 할 수 있다.

조리의 특징으로 주식 부식이 구분되며 곡물을 사용한 조리가 많고 음식의 간을 중요하게 생각하며 장류나 조미료를 사용하여 간을 맞춘다. 사계절의 채소류와 어패류를 활용한 저장식품이 발달되어 조리에 활용하기도 한다.

2. 한국음식의 상차림

고구려시대의 상차림은 입식 상차림으로 탁자형 상 위에는 고배형(高杯型)의 그릇을 사용하여 음식을 담았으며 근대에 와서도 궁중의 의례나 제례상에는 입식 상차림으로 차려졌다.

조선시대에 와서 밥이 주가되는 반상과 용도에 따라 먹는 죽상, 국수를 주식으로 차림하는 장국상, 술과 안주로 차려지는 주안상, 그리고 명절과 잔치에 많은 사람이 다양한 음식을 나눠먹는 교자상 과실류와 음료, 유과 등을 올리는 다과상 첫돌에 차리는 돌상, 혼례·회갑 등을 차리는 큰상, 제례를 지내는 젯상 등으로 구분지어 상차림이 정립되었다.

1. 반상(飯床) 차림

밥이 주식이 되며 반찬의 개수에 따라 3첩, 5첩, 7첩, 9첩, 12첩으로 나눠지며 기본은 독상이다.

두 사람이 식사할 수 있도록 차례진 상은 겸상이라 한다.

첩이라 불리는 것은 반찬을 담는 쟁첩의 수에 따라 불리는 것이며 밥, 국, 김치 찌개(조치), 그리고 곁드려지는 간장, 고추장, 초고추장 등은 쟁첩에서 제외 한다.

(1) 3첩 반상

소박한 상차림이며 밥, 국, 김치, 장 외에 3가지 반찬(생채, 숙채, 마른찬)이 곁드려진 상차림으로 가뭄에 백성이 어려운 경우는 임금님도 3첩 반상으로 식사를 하였다고 한다.

① 차림 : 밥, 배추국, 김치, 장(간장)

② 첩 수에 들어가는 음식 : 숙주나물, 생선구이, 무말랭이장아찌

(2) 5첩 반상

양반가의 기본 반상 차림으로 밥, 국, 김치 두 종류, 장류 두 종류, 찌개와 다섯 가지 반찬(생채 또는 숙채, 구이, 조림, 전, 장과)등이 차려진다.

① 차림 : 밥, 무국, 김치(배추김치, 물김치), 장(간장, 초간장), 조치(된장찌개)

② 첩 수에 들어가는 음식 : 고사리나물 또는 무생채, 북어구이 또는 생선조림, 호박전, 김자반, 오이장아찌

(3) 7첩 반상

생신상, 잔치상 등 손님을 대접할 목적으로 차려지는 반상으로 밥, 국, 김치 두 종류, 장류 두 종류, 찌개(토장조치, 맑은조치), 찜 일곱 가지, 반찬(생채, 숙채, 구이, 조림, 전, 젓갈, 편육) 등이 차려진다.

① 차림 : 밥, 완자탕, 김치(배추김치, 깍두기), 장(간장, 초간장), 조치(토장조치, 맑은조치), 선(도미찜)

② 첩 수에 들어가는 음식 : 애호박나물, 무생채, 더덕구이, 홍합초, 민어전, 간전, 어리굴젓, 편육

(4) 9첩 반상

양반가의 최고의 상차림으로 다양한 식재료와 조리법을 사용한다.

밥, 국, 김치 세 종류, 장류 세 종류, 찌개(토장조치, 맑은조치), 찜, 전골 아홉 가지, 반찬(생채, 숙채, 구이, 조림, 전, 마른반찬, 장과, 젓갈, 회) 등이 차려진다.

① 차림 : 밥, 조개탕, 김치(배추김치, 오이소박이 , 깍두기), 장(간장, 초간장, 초고추장), 조치(조기감정, 새우젓국찌개), 찜(홍어찜), 전골(불고기전골)

② 첩수에 들어가는 음식 : 더덕생채, 숙주나물, 너비아니구이, 생선조림, 호박전, 미역자반, 오이숙장아찌, 창난젓, 민어회

(5) 12첩 반상

수라상이라 불리며 궁중에서 왕과 왕비가 드시던 아침 저녁상을 말하며 12첩이 넘는 경우도 있고, 반찬의 종류가 다양하며 재료가 중복되지 않게 하고 계절재료와 선호하는 음식으로 차려지며 조리법도 달리하여 구성되었다.

밥 두 종류, 국 두 종류, 김치 세 종류, 장류 세 종류, 찌개(토장조치, 맑은조치), 찜, 전골 열 두 가지, 반찬(생채, 숙채, 조림, 전, 마른반찬, 장과, 젓갈, 회, 편육, 수란) 등으로 구성하여 반찬의 가지수를 맞춰 상이 차려진다.

① 차림 : 밥(흰밥, 잡곡밥), 국(곰국, 송이탕), 김치(배추김치, 백김치, 깍두기), 장(간장, 초간장, 겨자장), 조치(게감정, 두부젓국조치), 찜(연계증), 전골(신선로)

② **첩 수에 들어가는 음식** : 무생채, 숙주나물, 도라지나물, 조기구이, 너비아니구이, 북어조림, 민어전, 사슬적, 장포육, 어란, 어리굴젓, 무숙장아찌, 육회, 숭어회, 양지편육, 수란

2. 죽상(粥床) 차림

죽은 농도에 따라 응이, 미음, 죽으로 용도에 따라 사용되었으며 자극적이지 않은 국물용 김치나 새우젓으로 간을 한 젓국찌개, 마른찬인 어포나 북어를 강판에 갈아 만든 북어보푸라기 장류(간장)를 곁드려 상차림을 하였다.

차림 : 흰죽, 간장, 나박김치, 자반, 무침

3. 장국(면상, 麪床) 차림

면상은 면을 주식으로 차려지며 경사가 있는 날 차려지거나 점심상으로 이용되었고 면으로는 온면, 냉면으로 기호에 맞게 선택하고 김치류, 장류, 나물류, 찜, 전, 떡류 등이 함께 차려지기도 한다.

차림 : 국수, 김치, 잡채, 민어찜, 생선전, 도라지정과, 약식, 다식, 수정과

4. 주안상(酒案床) 차림

술을 대접하기 위해 차려지는 상차림으로 술과 어울리는 안주류를 준비하며 육포, 어포, 전, 편육, 찜, 탕류 등 기호를 고려하여 차려진다.

차림 : 약주, 김치, 장(간장, 초간장), 어채, 편육, 육포, 백합탕, 너비아니구이, 누름적, 육회, 조란, 약식, 강정, 식혜

5. 교자상(交子床) 차림

잔치상이라고도 하며 행사가 끝나고 밥이나 면, 술을 주로 먹을 수 있는 상차림으로 다양한 음식을 한 상에 조화롭게 차린 상이다. 일품요리와 다과상, 주안상에 올리는 음식이 주가 되고 많은 사람들이 즐기며 함께 나누는 상차림이다.

차림 : 국수, 술, 김치, 장(간장, 초장, 겨자장), 편육, 삼합초, 장육포, 양지머리편육, 어포, 강회, 모듬전, 전복찜, 어만두, 민어회, 생과, 화채, 정과, 다식, 단자, 증편

6. 다과상(茶菓床) 차림

후식 상차림으로 별도로 차려지는 상으로 떡류, 유과, 숙실과, 생실과, 화채, 다식류 등을 내며 계절에 따라 종류가 달라질 수 있으며 식사가 아닌 손님 접대용으로 주로 차려진다.

차림 : 차, 석이단자, 약식, 강정, 다식, 연근정과, 화채, 생과

3. 의례 음식의 상차림

의례음식의 상차림은 출생에서 죽을 때 까지의 의례적 행사에 차려지는 음식으로 생일, 폐백, 회갑, 제사상 등을 말하며 예의와 복을 기원하는 풍속이 담겨있는 상차림을 말한다.

(1) 백일 상차림

태어난 아기가 백일이 되는 날 건강과 장수를 빌며 잡귀를 쫓는 의미를 담고 있다.

차림 : 흰밥, 미역국, 백설기, 수수경단

(2) 돌 상차림

아기의 건강한 성장과 복을 기원하며 차리는 돌상의 음식들은 떡과 과일이 주가 된다.

복과 무병장수를 기원하는 마음으로 음식으로는 쌀밥, 미역국, 긴 국수, 백설기, 수수팥경단, 오색송편, 무지개떡, 인절미, 쌀, 미나리, 홍실묶음, 대추를 포함한 제철 과일 등을 올린다.

지역에 따라 돌 상차림이 조금씩 다를 수 있지만 백설기와 수수팥경단은 상차림에 빠지지 않고 차리는 음식이다. 백설기는 신성함과 정결, 수수팥경단은 덕을 쌓으라는 뜻과 함께 액을 예방하고 무병하기를 바라는 의미, 인절미는 끈기와 단단한 마음, 송편의 오색은 만물의 조화, 무지개떡은 아기의 꿈이 찬란한 무지개처럼 이루어지라는 의미이다.

생명력과 번식력이 강한 미나리는 장수와 자손 번창, 대추도 자손 번창의 뜻을 담고 있고, 남아는 활, 화살, 책을 올렸고, 여아는 색실, 자, 실패 등을 올려 바느질과 관련 있는 것을 올렸다.

① **차림** : 무명실, 떡(백설기, 수수경단, 송편), 쌀, 국수, 돈, 대추, 오색실, 붓

② **여아상** : 가위, 자, 색실, 실패, 한글책

③ **남아상** : 활, 화살, 장도, 천자문

(3) 성년례

우리나라의 옛날 성년례는 고려 광종 때 세자 유에게 원복을 입혔다는 데서 비롯되었으며, 고려 이후 조선시대에는 보편화된 행사로 관례라 하여 집안 어르신들을 모시고 사당에 제사를 올리고 성인됨을 고하는 행사였으며 떡과 술을 나눠 먹었다고 한다.

현재까지 이어져 매년 5월 셋째주 월요일을 성년의 날로 지정하여 만 19세가 되는 청년들에게 어른이 되어 권리와 의무를 심어주는 의미를 담고 있다.

차림 : 술, 해, 포

(4) 혼례상

① 초례상

청색, 홍색, 초, 기러기쌍, 소나무가지, 대나무가지를 꽂은 꽃병, 청실, 홍실, 찹쌀 두 그릇, 밤, 대추, 술병, 술잔, 떡, 국수를 올리는데 원래는 살아있는 기러기나 닭을 올리기도 하였고 삶은 닭을 올리거나 떡으로 기러기를 만들어 쓰기도 했다고 한다.

일생 동안 기러기처럼 부부가 함께하라는 의미를 닮고 있고 소나무와 대나무는 변함 없는 마음과 절개를 의미하며, 대추와 밤은 다산을 의미하고 국수는 장수, 쌀은 부를 의미한다.

초례상은 부부가 살면서 함께 행복하게 살기를 바라는 마음이 담겨있다.

차림 : 청, 홍, 초, 기러기, 한쌍(나무기러기), 소나무, 대나무, 청실, 홍실

② 임매상

혼인 후 신랑과 신부가 제일 먼저 받는 상을 말한다. 면이나 만두류를 기본으려 차려 장수와 화합을 바라는 마음을 담아 차려진다. 궁중에서도 만두 국수를 올리고 정과류, 강정류 등과 생과일 등을 올렸다.

만두는 신랑이 한입 먹고 다시 신부가 한입씩 나눠 함께 백년 해로를 한다는 의미를 담고 있으며, 귀한 사람을 맞이하여 첫 상차림이라 좋은 음식들로 귀하게 접대한다.

차림 : 국수, 찜, 편육, 전류, 포, 김치, 약식, 다식류, 강정류, 화채, 정과, 생과일

③ 폐백상

혼인식이 끝나고 신부와 신랑이 시댁 어른분들께 인사하며 차려지는 상으로 술과 함께 먹을 수 있는 안주류로 신부집에서 미리 준비해온 음식들로 차려진다. 가문이나 지방 경제적인 부분이 고려되어 육류, 생선류, 한과류, 술 등을 올린다.

차림 : 육포(편포), 어포, 대추, 밤, 떡, 다식, 약과, 술

④ 생신상

집안 어른의 생일상으로 봉양과 축하를 의미하는 상차림이다.

차림 : 흰밥, 미역국, 김치, 장, 너비아니

⑤ 큰상 차림

혼례, 회갑(수연례) 등 큰 행사에 차려지는 화려한 상차림으로 음식을 높이 쌓는 고배상을 차렸다.

다식, 당속, 생실과, 정과, 어물, 편육, 건과, 적 등을 정성껏 준비하고 행사가 끝나면 음식을 헐어 손님들에게 대접하는 상차림을 하였으며 국수장국을 준비하여 장수와 건강을 기원하기도 했다.

⑥ 제사상(祭祀床) 차림

자손들이 조상을 위해 제례를 지낼 목적으로 차리는 상으로 고춧가루, 파, 마늘을 제외하고 밥, 국, 면, 탕, 전, 나물, 김치, 술, 떡류, 과정류, 과일, 포, 식혜 등을 올리며 설날 차례상에는 떡국, 추석 차례상에는 송편을 올린다.

4. 세시음식

세시음식은 절식과 시식으로 구분하며 명절식은 절식이며 제철에 먹는 봄, 여름, 가을, 겨울, 음식을 시식이라 한다.

농경사회였던 우리나라는 계절의 영향력을 많이 받았으며 기후와 계절에 따라 농사를 짓고, 절기마다 농사에 필요한 행사와 그에 맞는 음식을 만들었으며 불교와 유교의 종교적 영향력이 더하여 조상에게 예를 올리고 건강과 복을 기원하는 세시풍속이 발달하였다.

24절기는 계절을 나누며 태양의 움직임에 따라 1년을 15일 간격으로 24절기로 나눴으며, 각 절기별 농사에 필요한 행사 및 절기 음식을 만들어 먹었다.

(1) 시식

① 봄

봄에 나오는 쑥, 달래, 냉이 등을 다양한 조리법으로 요리하여 입맛을 좋게 하며 부족했던 영양을 보충하였고 찹쌀가루를 반죽하여 번철에 지지는 화전과 쑥탕, 쑥떡 등을 만들어 봄날에 먹을 수 있는 음식을 즐겼다.

② 여름

여름은 무더위를 견디기 위해 시원한 음식과 기력을 돋우는 음식을 즐겼다.

녹두로 만든 묵류와 콩국과 깻국 등을 차게 해서 영양을 보충하고 원기회복을 위해 육개장, 개장국, 삼계탕을 먹었으며 채소류를 이용한 만두류를 만들어 먹었고 영양의 균형을 맞춰 무더위를 지혜롭게 이겨냈다.

③ 가을

추수를 하며 한해 농사를 마무리하며 저장식품을 만들고 풍족한 재료를 활용한 음식을 만들어 먹었다. 뿌리 채소류를 이용한 음식과 떡류를 만들어 조상님께 감사의 예를 올리고 가족과 이웃들과 나눠 먹었다.

④ 겨울

저장식품인 김치, 장류 등을 이용한 음식과 젓갈류, 마른 재료를 활용한 음식을 만들어 먹었으며 오곡밥, 팥죽, 묵은나물, 식혜, 부럼 등을 먹어 부족한 영양을 보충하였다.

(2) 절식

① 정월 초하루(설날 음식)

새해 첫날이며 1월 1일 가족의 건강과 한해 농사가 잘 되도록 풍년을 기원하며 조상님께 차례를 지내고 가족들이 모여 떡국을 끓여 먹었다.

설음식은 세찬이라 하고, 술은 세주라 하였으며, 세주는 차게해서 마셨다고 한다.

대표적인 세찬으로 떡국은 쌀가루를 찌고 떡메로 친 후 둥글게 빗어 꿩고기, 쇠고기, 닭고기 등 육수를 내어 국으로 끓였으며 고명으로 양념한 고기, 지단 등을 올렸다.

각 지방마다 그리고 형편에 따라 설음식은 차이가 있으며 떡국 외에도 이북쪽은 만두를 빚어 국에 넣어 끓였다.

차림 : 떡국, 식혜, 수정과, 나물, 다식, 유과, 약식, 강정, 편육, 전, 나박김치, 찜 등을 올렸다.

② 대보름

첫해 달이 차오른 보름을 대보름이라 하여 달의 형태, 빛깔 등을 보며 1년의 농사를 점치고 풍년을 기원하는데 의미가 있다.

보름에 먹는 음식으로 부럼은 대보름날 밤 호두, 개암, 잣 등을 깨물어 몸에 피부병이 나지 않게 하는데서 유래되었는데 겨우내 부족한 영양분의 보충으로 일본과 중국에도 비슷한 풍습이 있었다.

차림 : 귀밝이, 술, 부럼, 보쌈, 약밥, 오곡밥, 팥죽, 팥시루떡, 승병 등

③ 입춘

봄이 시작되었음을 알리고 봄에 새싹으로 올라온 달래, 냉이, 갓, 죽순, 미나리싹, 당귀싹 등을 이용한 봄나물 음식으로 입맛을 돋우고 부족한 영양분을 나물로 섭취하였다.

오신반이라 하여 매운맛을 내는 다섯가지 나물로 움파, 갓, 당귀, 미나리, 무싹 등을 궁중에 진상하였으며 민가에서도 입춘날에 나눠먹는 음식이었다.

차림 : 달래나물, 냉이나물, 돛나물, 죽순찜, 당귀나물, 봄나물, 된장국

④ 중화절

음력 2월 1일 농사철을 시작하면서 일하는 노비들에게 음식을 베풀어 격려하며 그해 풍년을 기원하는 행사로 말린 시래기나 팥, 콩 등을 넣은 송편을 빚어

노비들의 나이 수 만큼 나눠주었으며, 이 송편을 나이떡, 머슴송편이라고 불렸다는 유래가 있다.

궁중에서도 임금님이 신하들에게 잔치를 열어 한해 풍년을 기원했던 행사였다.

차림 : 다양한 소를 넣은 송편, 볶은콩, 나물류

⑤ 중삼절

음력 3월 3일로 강남에서 제비가 돌아온다는 날로 봄의 시작을 알리며 농사를 본격적으로 시작하는 단계로 논과 밭에 땅을 고르게 펴고 밟아 농사의 시작을 의미하며 풍류를 즐기는 날이기도 하다. 봄날을 만끽하며 냇가나 계곡에 나가 화전을 붙이고 꽃술을 나눠 먹는다.

차림 : 화전, 두견주, 청주, 절편, 화면 등

⑥ 한식

차가운 밥을 먹는 날로 불을 피우지 않고 새로운 시작을 알리는 의미도 있으며 설날, 한식, 단오, 추석과 함께 5대 명절로 청명절이라고 불렀으며 조상님께 제사를 올린다.

한식날은 직접 성묘에 음식을 차리고 가족들과 이웃이 모여 음식을 나눠 먹었다.

차림 : 쑥떡, 쑥탕, 탕, 적, 메밀국수

⑦ 초파일(등석절)

음력 4월 8일 부천님 오신날을 기리는 행사로 불교의 영향을 받은 오랜 풍속으로 가족들의 평안과 복을 기원하며 연등의 풍습이 있었다.

육식을 금하고 곡식이나 음식을 절에 공양하고 남은 음식은 이웃들과 나눠 먹었다.

차림 : 삶은콩, 유엽병, 나물비빔밥

⑧ 단오

음력 5월 5일 여름을 알리는 시작이며 논농사를 중점적으로 일하는 시기로 풍년을 기원하고 마을 사람들이 모여 마을 잔치를 벌린다. 궁중과 민가에서도 양의 기운이 가장 왕성한 날로 창포에 머리감기, 씨름, 그네뛰기 등 여러 행사를 즐겼으며 음식도 풍성이 하여 함께 나눴다.

차림 : 수리취떡, 제호탕, 앵두편, 과편, 준치국, 차륜병

⑨ 유두

음력 6월 보름날로 여름철 과일이나 곡식을 조상님께 올리고 더위를 이기며 액막이로 동쪽으로 흐르는 물에 목욕을 했다는 유래가 있다.

유두연이라 하여 경치가 좋은 곳에서 풍류와 음식을 즐겼다.

차림 : 참외, 수박, 기장밥, 보리수단, 유두면, 준치만두, 편수, 밀쌈, 깻국탕

⑩ 칠월칠석

견우와 직녀가 만나는 날로 불가에서는 망혼일이라 하여 세상을 떠난 망혼을 천도하는 불공을 드리고 집집마다 시루떡을 하여 칠성제를 지내기도 하였다.

차림 : 시루떡, 약밥, 화채, 증편, 오이김치, 육개장

⑪ 추석

음력 8월 15일로 한가위라 하며 햇과일, 곡식 등 풍성한 음식으로 송편, 토란탕 등 제사상이 가장 다양한 음식을 올리며 추수에 대한 감사를 조상님께 올리고 이웃과 가족들이 모여 다양한 마을 행사와 음식을 나눠 먹는다.

차림 : 솔잎, 송편, 토란탕, 찜, 산적, 나물, 김치, 생과실, 수정과, 식혜

⑫ 중양절

음력 9월 9일이며 국화향이 가득한 국화주와 화전을 곁드려 먹었고 제비가 강남으로 돌아가는 날이라 하였으며 제상을 별도로 지내지 않는 조상이나 떠돌이 영혼을 위해 한 번에 제사를 지내기도 하였으며, 늦가을의 풍류를 즐기는 날이기도 하였다.

차림 : 감국전, 밤단자, 유자화채, 국화전, 국화주

⑬ 상달(무오일)

10월중 날을 잡아 집안 떡을 하여 고사를 지내는 행사이다.

햇곡식으로 술을 빚고 쌀과 붉은 팥으로 시루떡을 만들어 집안 곳곳에 두어 무병하기를 빌며 이웃에게 떡을 놔눠 함께 먹었다.

차림 : 무우팥시루떡, 술, 강정, 밀단고, 만둣국

⑭ 동지

1년 중 밤이 가장 길고 낮이 가장 짧은 날로 귀신을 쫓는 행사로 팥죽을 쑤워 방, 부엌, 광마루, 장독대 등에 팥죽을 떠놓고 담이나 대문에 팥죽을 뿌려 잡귀가 집안에 들어오지 못하도록 하였다.

차림 : 팥죽, 전, 동치미, 식혜, 수정과

⑮ **섣달그믐**(납향)

한해를 마무리하며 천지만물의 덕에 감사하며 고사로 지내는 행사를 납향이라 하였다.

원래는 사냥한 짐승을 제물로 올리던 것에서 유래되었으나 한해를 마무리하고 새해를 맞이하는 날로 밤새 불을 밝혀 잡귀들이 집안에 들어오지 못하도록 하였다고 한다.

차림 : 비빔밥, 만두, 장김치, 주악, 식혜, 정과, 수정과, 제육, 참새구이, 토끼고기

Chapter 2

한식 기초조리 실무

한식 조리의 기초인 칼 다루기, 한식기초 도구 다루기, 기본 조리법 등을 익혀 현장에서 보다 효율적이고 안전하며 능숙한 조리업무를 수행할 수 있는 조리인을 양성하고자 한다.

1. 칼

표 2-1 칼의 종류와 사용 용도

칼의 종류	사용 용도
아시아형	• 칼날 길이는 18cm 정도로 보통이다. • 칼등은 곡선이고 칼날은 직선이다. • 다른 칼에 비해 반듯하게 자르기가 좋고 안정적이다. • 우리나라, 일본지역, 동양조리에서 많이 사용한다.
서구형	• 칼날 길이는 20cm 정도로 긴편이다. • 칼등과 칼날이 곡선 이어서 칼끝에서 모인다. • 칼의 특성상 힘들이지 않고 자르기가 편하다. • 주로 일반 칼이나 회칼로 많이 사용한다.
다용도칼	• 칼날 길이 16cm 정도로 짧은 편이다. • 칼등이 곧게 되어있고 칼날은 둥글게 곡선 처리되어 있다. • 칼을 자유롭게 움직이면서 다양한 작업을 할 때 사용하기 좋다. • 롤링하며 도마에서 뼈를 발라낼 때 사용한다.

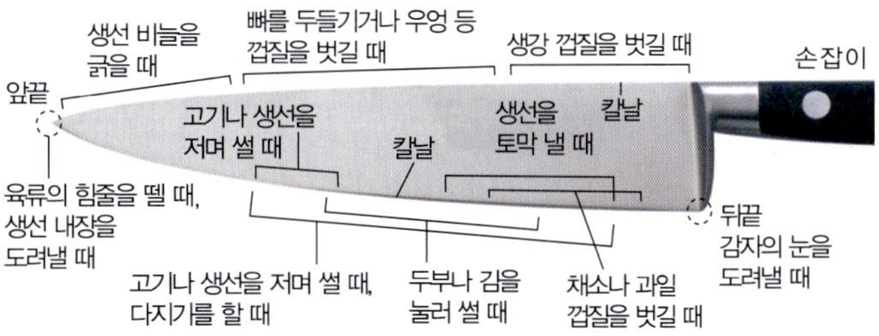

그림 2-1 칼의 부위별 명칭과 용도

2. 숫돌

무딘칼은 손에 힘이 많이 들어가 위험도가 높으므로 날을 잘 관리하도록 한다.

표 2-2 숫돌의 종류와 특징

종류	특징(용도)
300~400#(거친숫돌)	• 처음 가는 칼에 사용하며 깨진 칼끝의 형태를 수정함 • 두꺼운 칼날이나 이 빠진 칼을 갈 때 사용함 • 고운 숫돌, 마무리 숫돌을 단계로 사용해야 함
1,000~2,000#(고운숫돌)	• 칼 갈때 일반적으로 많이 가는 숫돌이며, 굵은 숫돌로 간 것을 더 부드럽게 갈 때 사용함
4,000~6,000#(마무리숫돌)	• 거친 숫돌로 갈고 난 후 마무리로 칼날을 윤기와 광이 나게 함

Tips

[칼 가는 방법]

① 숫돌을 이용하여 갈기 : 수평 맞춰 평평하게 갈기 → 전처리하기(물에 30분 정도 담가놓기, 옆에 물 준비) → 숫돌고정(수직 형태의 고정틀) → 사전확인(칼날 상태) → 칼 갈기(15°로 직각 갈기와 사선 갈기) → 갈린 상태 확인(채소류, 종이, 빛반사 등) → 칼 세척

② 쇠 칼갈이 봉으로 갈기 : 잡기(45° 방향으로 기울기) →칼 세척(세제로 씻고 행주로 닦기)

3. 기본썰기

표 2-3 기본썰기의 종류와 칼질의 방법

종류	칼질의 방법
밀어썰기	• 안전사고, 피로도와 소리가 작아 기본이 되는 칼질 방법 • 무, 오이, 양배추 등을 채썰기 할 때 사용함
칼끝 대고 밀어썰기	• 밀어썰기와 작두썰기를 합친 방법 • 힘이 분산되지 않고 한 곳으로 집중되어 썰기 편리함 • 질긴 고기류를 썰기에는 적절하지만, 두꺼운 채소를 썰기에 부적절함

종류	칼질의 방법
작두썰기	• 칼끝에 대고 눌러 써는 방법 • 27cm 이상 큰 칼로 하는 썰기 방법 • 무, 단호박 등 두꺼운 채소류를 썰기에는 부적절함
칼끝썰기	• 곱게 썰거나 다질 때 주로 사용하는 방법 • 써는 재료가 흩어지지 않게 칼끝을 그대로 두고 써는 방법
후려썰기	• 연속적인 동작으로 힘이 적게 들며 많은 양을 썰 때 사용한다. • 단점은 칼 소리가 크게 나고 정교함이 떨어진다.
당겨썰기	• 오징어나 파 채썰기 등에 적당함 • 칼끝을 도마에 대고 손잡이를 약간 들었다 당기며 눌러 써는 방법
당겨서 눌러썰기	• 내려치듯이 당겨 썰고 그대로 살짝 눌러 써는 방법 • 초밥이나 김밥을 썰 때 칼에 물을 묻히고 내려치듯이 당겨 썰고 그대로 눌러 김이 썰리게 하는 방법
당겨서 밀어붙여썰기	• 주로 두꺼운 회를 썰 때 많이 사용 • 생선살을 일정한 간격으로 썰어 가지런하게 놓기에 편리함
당겨서 떠내어 썰기	• 탄력이 좋은 회 등의 생선살을 일정한 두께로 썰 때 사용함
뉘어썰기	• 오징어에 칼집을 넣을 때 주로 사용함 • 칼을 45° 정도 눕혀 칼집을 넣을 때 사용함
밀어서 깎아썰기	• 무나 우엉을 깎아썰기 할 때 사용함 • 모양 없이 썰 때 사용하는 방법이다.
돌려 깎아썰기	• 엄지손가락 방향으로 칼날을 붙이고 일정한 간격으로 돌려가며 칼질하는 방법
톱질하듯 썰기	• 부서지기 쉬운 재료를 조심스럽게 톱질하듯이 왔다갔다 썰기
손톱으로 잡아 썰기	• 작아 잡기가 나쁜 통마늘 같은 재료를 손톱 끝으로 고정시켜 써는 방법

Tips

[썰기의 요령 및 목적]

- 모양과 크기를 용도에 맞게 정리하여 조리하기 쉽게 썬다.
- 먹기 쉽고 씹기 편하여 소화되기 쉽게 하기 위해 썬다.
- 조리 시 열 전달과 양념의 침투를 좋게 썬다.
- 비 가식부를 제거한다.

4. 한식 썰기

표 2-4 한식 썰기의 종류 및 특징

종류	특징
통썰기	오이, 당근, 연근 등 모양 둥근 재료를 씻어 통째로 둥글게 써는 방법으로 음식에 따라 두께를 다르게 하며 볶음이나 절임 등에 쓰인다.
반달썰기	둥근 재료를 길이의 반으로 잘라, 반달 모양의 원하는 두께로 자르는 방법으로 찌개 요리에 주로 사용된다.
은행잎썰기	무, 당근, 감자 등 둥근 재료를 길게 4등분하여 원하는 두께의 은행잎모양으로 써는 방법으로 찌개요리에 주로 사용된다.
둥글려 깎기	각이 지게 썰어진 재료의 모서리를 얇게 도려 모서리를 둥글게 만드는 방법으로 찜요리에 사용된다.
돌려 깎기	오이, 호박 등을 5cm 정도 길이로 잘라 껍질에 칼을 넣어 칼을 위, 아래로 움직이며, 얇고 일정하게 돌려깎아 써는 방법이다.
편썰기(얄팍썰기)	재료를 편으로 원하는 두께로 고르게 얇게 써는 방법이다.
채썰기	재료를 원하는 길이로 자르고, 얇게 편을 썰어 겹친 뒤 일정한 두께로 가늘게 써는 방법으로 생채나 잡채요리에 주로 쓰인다 .
막대썰기	무, 오이 등의 재료를 원하는 길이로 잘라 알맞은 굵기의 막대모양으로 써는 방법으로 장과나 꼬치요리에 주로 쓰이는 방법이다.
골패썰기	무, 당근 등의 둥근 재료를 직사각형으로 납작하게 써는 방법으로 미나리 강회나 전골요리에 주로 쓰인다.
나박썰기	가로와 세로가 비슷한 정사각형으로 납작하고 반듯하게 얇게 써는 방법으로 나박김치 등에 주로 쓰인다.
깎아썰기(연필깎기)	재료를 칼날의 끝부분으로 연필 깎듯이 돌려가며 얇게 써는 방법이다.
깍둑썰기	무, 두부 등을 막대썰어 같은 크기의 주사위 모양으로 써는 방법으로 깍두기나 탕국에 주로 쓰이는 방법이다.
어슷썰기	대파, 오이 등 길쭉한 재료를 적당한 두께로 어슷하게 일정하게 써는 방법으로 찌개나 탕국에 주로 쓰이는 방법이다.
저며썰기	재료의 끝을 한손으로 누르고 칼을 뉘여 재료를 안쪽으로 당기듯이 어슷하게 써는 방법으로 회 뜰 때 쓰는 방법이다.
솔방울썰기	오징어 안쪽에 사선으로 칼집을 넣고 대각선으로 다시 칼집을 넣어 쓰는 방법이다.

종류	특징
마구썰기	당근, 우엉 등 길이가 긴 재료를 한손에 잡고 빙빙 돌려가며 한입 크기로 일정하게 써는 방법으로 조림요리에 주로 사용한다.
다져썰기 (다지기)	파, 마늘, 생강, 양파 등 곱게 채를 썰어 직각으로 잘게 써는 방법으로 무침이나 볶음요리 양념에 넣는 재료에 쓰는 방법이다.

파, 마늘, 생강 다지기

오이 돌려깎기

당근, 오이 골패썰기

청, 홍고추 어슷썰기

무 직사각썰기

애호박 반달썰기

당근, 오이 채썰기

5. 한식의 기본양념

조미료의 기본 5미 : 단맛, 짠맛, 신맛, 쓴맛, 매운맛

표 2-5 양념의 종류와 특징

종류	특징
간장 (염도16~26%)	• 국간장(청장) : 집간장 또는 국간장이라고 한다. (국, 찌개, 전골, 나물무침) • 진간장 : 시판용으로 콩을 산분해 해 아미노산을 액화시켜 만든 화학 간장이다. (구이, 조림, 찜, 포, 육류) • 양조간장 : 발효시킨 간장이다. (초간장, 무침, 소스, 샐러드)
된장	• 간장을 만들어 떨어내고 남은 메주로 소금 간을 하여 숙성시켜 만든다. • 찌개나 토장국에 쓰인다. • 재래식 된장은 오래 끓일수록 깊은 맛이 난다. • 개량식 된장은 짧게 끓여도 된다.
고추장	• 고춧가루에 엿기름, 메주가루, 소금, 찹쌀가루 등을 넣고 숙성시켜 만든다. • 찌개, 국, 볶음, 나물, 생채 등에 사용된다.
소금	• 천일염(호염) : 장을 담거나 채소 절임용으로 사용한다. • 꽃소금(재제염) : 적은 양의 채소 절임, 음식의 간을 맞출 때 사용한다. • 정제염(순도 99% 이상) : 바닷물의 여과와 침전 과정을 거쳐 증발 농축한 소금 • 맛소금 : 정제염+조미료(MSG)
젓갈	• 새우젓(염도 15~30%) : 새우에 소금을 넣고 3개월 정도 숙성시킨다. 국, 찌개, 나물 등의 간(소금대신) • 멸치액젓(염도 15~20%) : 멸치에 소금을 넣고 6개월 정도 숙성시킨다. 김치 담글 때 사용한다.
식초	• 양조식초 : 곡물이나 과실을 발효시켜 만든다. (산도 7%) • 화학적으로 합성된 빙초산을 희석하여 식초산 3~4%로 만든다. • 합성식초와 양조식초를 혼합하여 만든다.
설탕 (흑, 황, 백)	• 사탕수수, 사탕무로부터 당액을 추출하여 정제, 결정화하여 만든다. • 방부작용, 연화작용, 발효촉진, 탈수성, 지방산화방지
조청 (갈색 물엿)	• 엿기름으로 당화시켜 오래 조려 걸쭉하게 만든 감미료이다. • 떡, 밑반찬용 조림, 한과 등에 쓰인다.

종류	특징
고추	• 생으로도 음식에 사용되며 실고추, 고춧가루, 고추장 등으로 가공하여 사용한다.
파	• 매운맛과 강한 향으로 육류의 누린내와 생선 비린내를 잡아준다. • 실파 : 적, 전골, 국요리에 두루 쓰이며 깔끔한 맛을 낸다. • 대파 : 흰부분은 주로 다져 무침이나 양념에 많이 쓰이고 푸른 부분은 육수나 찌개 요리에 주로 사용한다.
마늘	• 알리신 성분이 들어 있어 육류의 누린내와 생선 비린맛 제거, 살균작용을 한다. • 비타민 B_1의 흡수를 도와 혈액순환을 촉진한다.
생강	• 진저롤 성분이 들어 있어 생선 비린내, 육류 누린내를 제거한다. • 육류사용시 처음부터 넣고 생선 비린내 제거시 마지막 10분 전에 넣어 준다.
후추	• 챠비신 성분이 들어 있으며 육류, 어류의 비린내 제거와 살균작용을 한다. • 검은후추(덜 익은 열매를 건조한 것) • 흰후추(완숙된 열매의 껍질을 제거하여 건조한 것)
겨자	• 시니그린 성분이 들어 있으며 따뜻한 물에 개어 매운맛을 살려 사용한다. • 백겨자, 흑겨자로 나뉜다.

Tips

간장 양념은 상온에서 2~4시간 숙성 후 바로 사용이 가능하며 보관 시에는 85~12℃에서 보관한다.

6. 한식 고명

1. 고명의 특징

① 음식의 모양을 좋게 하며 식욕을 돋우기 위하여 고명(웃기, 꾸미)을 음식 위에 얹는 것

② 오방색(흰색, 검정색, 빨간색, 노란색, 녹색) 사용

③ 음식의 맛과 영양을 보충하며 돋보이게 함

2. 고명의 종류

표 2-6 고명의 종류, 모양 및 용도

종류	모양	용도
달걀지단	나물, 잡채(채썰기, 골패형, 마름모꼴)	나물, 잡채, 국, 전골, 찜
미나리초대	마름모꼴, 골패형	신선로, 전골, 만둣국
실파, 쑥갓	마름모꼴, 골패형	탕, 전골
실파, 미나리	줄기를 3~4cm 길이로 썰거나 데치기	찜, 전골, 국수
애호박	미름모꼴, 골패형	국수
고기완자	1~2cm 정도의 완자	신선로, 면, 전골
알쌈	반달모양	신선로, 된장찌개
버섯류	• 표고(은행잎모양, 골패형, 마름모꼴) • 석이(따듯한 물에 불려 손질하여채썰기) • 목이(따듯한 물에 불려 동전크기로 뜯어서 사용)	전골, 탕, 잡채, 떡, 비빔국수
대추	씨 빼고 말아 썰거나 마름모양썰기	찜, 보쌈김치, 백김치, 식혜, 차류, 떡류, 과자류
잣	통잣, 비늘잣, 잣가루	한과, 떡류, 구절판, 육류구이요리
은행	통은행(삶거나 튀겨 껍질 벗기기)	신선로, 전골, 찜, 마른안주
밤	통, 생률, 납작썰기, 채	찜, 마른안주, 보쌈김치, 겨자채, 냉채, 편, 떡고물
호두	반으로 가르기	찜, 전골, 신선로, 마른안주
통깨	통깨나 반 정도 으깨어 사용	나물, 잡채, 구이 등 한식요리에 대부분 많이 사용

7. 육수

표 2-7 육수의 종류와 끓이는 방법

분류	종류	육수 끓이는 방법
맑은 육수	소고기육수	• 양지, 사태, 업진육 등을 찬물에 넣어 20분 정도 핏물을 빼기 → 센 불에서 끓인 후 불 줄이기 → 고기 건져내기(편육 고명 등) → 채소(무, 대파, 양파 등) 넣기 → 면포에 거르기 • 육개장, 우거지탕, 토장국, 미역국, 갈비탕, 냉면육수 등에 사용
	멸치육수	• 멸치의 머리, 내장제거 → 다시마 면포로 닦기 → 물, 다시마, 멸치를 넣고 끓으면 다시마 건지기 → 5~10분 중불로 끓이기 → 면포에 거르기 • 멸치를 볶아서 사용하면 비린맛을 줄일 수 있음
	조개육수 (바지락, 모시조개)	• 조개 해감하기 → 다시마 면포로 닦기 → 물, 다시마, 조개를 넣고 끓이기 → 끓으면 다시마 건지기 → 조개 익으면 면포에 거르기 • 해물탕, 매운탕, 토장국(된장, 고추장)등에 사용
	다시마육수	• 다시마(표면의 하얀가루는 감칠맛이 나는 만니톨이므로 씻지 않고 면포로 손질) → 찬물에 넣고 끓이기 → 물이 끓으면 다시마 건져내기 → 면포에 거르기 • 칼슘과 요오드가 풍부하다. • 단백질의 주성분인 글루탐산으로 천연조미료로의 감칠맛을 낸다. • 풍부하게 함유된 라이신은 혈압을 낮추는 효과가 있다. • 호박산이 들어 있어 깊은 맛이 있으므로 국, 전골 등에 사용
탁한 육수	닭고기육수	• 씻으면서 노란 기름 부분을 제거 → 파(뿌리포함) 씻어 썰기 → 닭고기를 겉면만 데쳐 찬물에 헹구기 → 찬물, 닭, 대파, 통후추, 청주 등을 넣고 중불에서 끓이기 → 거품제거 → 면포에 거르기 • 초계탕, 초교탕, 미역국 등에 사용
	사골육수	• 단백질 주성분인 콜라겐이 많은 사골을 선택 → 찬물에 담가 핏물빼기 → 강한불로 가열 → 끓기 시작하면 중불로 가열 → 우려내기 • 국, 전골, 찌개 등에 사용

8. 상차림

분류	내용
아침상 (초조반상)	• 부담 없는 가벼운 음식 : 응이, 미음, 죽 등 • 싱겁고 맵지 않은 음식 : 국물김치(동치미, 나박김치), 젓국찌개 및 북어 보푸라기 등
반상기	• 밥, 주식상차림 • 수랏상(임금), 진짓상(어른), 밥상(아랫사람), 죽은사람(메) • 찬품 수는 3품부터 12품 / 3첩, 5첩, 7첩, 9첩 반상 등 홀수로 차린다. • 첩 수에 포함되지 않는 것 : 김치, 밥, 국, 초장류 • 5첩은 평일식사, 7첩은 신랑, 색시상, 9첩은 반갓집, 그리고 12첩은 궁에서 차리는 격식
점심상 (낮것상)	• 손님이 오면 국수(온면, 냉면)상 등으로 간단히 요기만 하는 정도의 차림 • 국수상 : 국수장국, 묽은장과 봄, 가을에는 나박김치, 겨울에는 배추김치 제공
주안상	• 약주, 안주가 곁들여져 술대접 상차림 • 육포, 어포 등의 마른안주와 전, 전골, 편육, 찜, 생채, 김치, 과일, 떡, 한과 등을 차림
잔칫상	• 면(국수), 교자상차림 • 교자상 : 축하의 날에 큰 상에 음식을 차려 놓고 여러 사람이 이용하게 차림

3첩 반상

5첩 반상

7첩 반상

9첩 반상

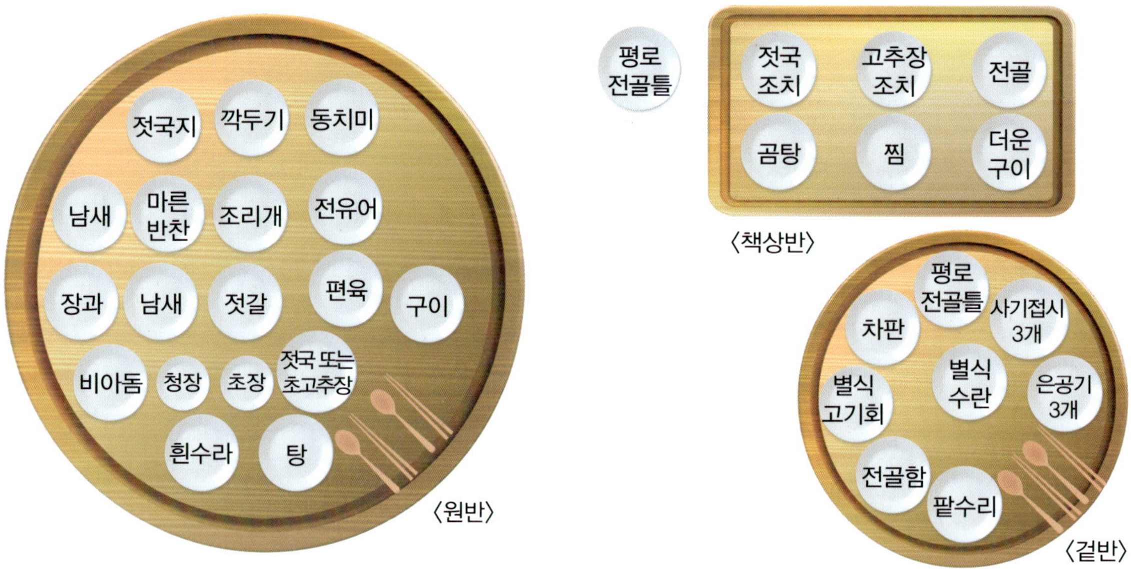

12첩 반상

※ 첩수에 포함되지 않는 것 : 밥, 국, 김치, 장류

9. 계량 도구

① 저울 : 사용 시 평평한 곳에 그릇을 먼저 올리고 영점을 맞춰 무게를 잰다.

② 계량 컵 : 조리 시 액체나 가루 등의 부피를 잰다.

- 미국이나 유럽에서는 1컵의 표준을 240ml로 한다 .
- 우리나라에서는 1컵을 200ml로 한다.

③ 계량 스푼 : 양념 등의 작은단위 부피를 측정하는 데 사용한다.

- 큰술(Table spoon, Ts), 작은술(tea spoon, ts)이다.

Tips

계량하는 이유 및 계량방법 : 음식의 맛을 일정하게 만들기 위해 재료의 계량은 정확하고 능숙하게 해야 한다.

표 2-8 계량 방법 및 예시

구분	계량 방법	예
고체식품	• 계량기구에 빈공간이 없도록 꾹꾹 눌러 담아 평평하게 깎아 계량	버터, 마가린, 다진고기
액체식품	• 계량기구는 평평한 곳에 놓아 표시된 눈금으로 맞추어 계량 • 모세관현상(메니스커스) : 표면장력 때문에 액체 표면의 낮은 부분을 측정	물, 우유, 간장, 맛술, 식초, 기름 등
가루상태의 식품	• 부피보다는 무게로 계량하는 것이 정확함 • 계량기구에 수북하게 담아 평평이 되도록 깎아 계량	밀가루, 전분 등
알갱이 상태의 식품	• 계량기구에 담아 최대한 밀집시키되 억지로 누르지 않고 평평하게 깎아 계량	소금, 쌀, 보리 등
농도가 큰 식품	• 계량기구에 꾹꾹 눌러 담아 평평하게 깎아 계량	물엿, 꿀, 고추장, 된장, 흑설탕 등

Tips

1갤런(Gallon) = 128oz
1쿼터(Quart) = 32oz = 960ml
1파운드(Pound) = lb = 453.6g
1파인트(Pint) = 473ml = 16oz
1온스(Ounce) = 1oz = 30cc = 28.35g
1컵 = 1Cup = 1C = 200ml
1큰술 = 1Table spoon = 1T = 3ts = 액체 15ml
1작은술 = 1tea spoon = 1ts = 액체 5ml
※ 1갤런(Gallon) = 4쿼터(Quart) = 128oz

Chapter 3

한식 조리

1. 조리의 이해

(1) 조리의 정의

식재료의 다듬기부터 썰기, 가열조작(찌기, 볶기, 굽기, 끓이기), 조미하기 등의 처리를 하여 식감과 향미를 증진시켜 먹기 좋고 소화되기 쉬운 상태로 만드는 전 과정이다.

(2) 조리의 목적

영양성, 기호성, 안전성, 저장성

(3) 조리장의 3원칙

위생성, 능률성, 경제성

(4) 조리장의 위치

① 통풍, 채광이 좋고 급수, 배수가 용이한 곳
② 객실과 객석의 구분이 명확하고 식품의 출입과 반출이 용이한 곳
③ 악취나 가스, 분진 등에서 위생적인 곳
④ 출입이 편리한 곳
⑤ 비상 시 통로가 방해되지 않는 곳
⑥ 지하보다는 지상에 위치하는 것이 좋다.

(5) 조리장의 면적

① 취식자 1인당 1제곱미터이다.

② 조리장 면적은 식당 넓이의 1/3이다.

③ 일반 급식소는 1인당 0.1제곱미터이다.

(6) 조리장 설비

① 개방식 구조한다.

② 바닥과 내벽 1m까지 내수성 자재를 사용한다.

③ 미끄럽지 않고 오염에 강해야 한다.

(7) 배수시설

① 주방의 바닥 중앙에 트렌치를 설치하여 배수가 잘 되도록 한다.

② 하수도의 악취, 방서, 방충의 목적으로 트랩을 설치한다.

③ 찌꺼기가 많은 경우는 수조형 트랩, 유지가 많으면 그리스 트랩이 좋다.

④ **곡선트랩** : s자, u자, p자형 트랩이 있다.

(8) 작업대

① **ㄷ자형** : 동선이 짧아 넓은 조리장에서 효율적이다.

② **ㄴ자형** : 조리장이 좁은 경우에 효율적이다.

③ **병렬형** : 180°로 앞뒤 회전을 해야하므로 피로도가 높은 구조이다.

④ **일렬형** : 작업동선이 길어 비효율적이지만 조리장이 굽은 경우에 사용한다.

⑤ **아일랜드형** : 공간활용이 자유롭고 동선이 짧으며 조리기구를 한곳에 모아 놓기 때문에 환풍기의 수를 최소화 할 수 있다.

※ 작업대 높이는 신장의 52%(80~85cm), 작업대의 넓이 55~60cm, 뒷선반과의 간격은 150cm 이상

※ **동선에 따른 기기 배치** : 준비대 → 개수대 → 조리대 → 가열대 → 배선대

(9) 벽, 창문

① 벽의 마감재는 자기타일, 모자이크타일, 금속판, 내수합판 등이 좋다.

② 창문은 직사광선을 막을 수 있도록 설계하고 밀폐할 수 있는 고정식으로 하며 해충의 침입을 막도록 30메시 이상의 방충망을 설치한다.

(10) 환기

① 후드의 경사각은 30°, 후두의 형태는 사방 개방형으로 한다.

② 후두장치는 가열기구의 설치 범위보다 넓게 한다.

③ 창문을 통한 자연환기, 송풍기(fan)를 이용한 환기, 배기용(hood) 환풍기를 이용할 수 있다.

(11) 조명시설

기준조명 : 객석은 30lux (유흥주점 10lux), 단란주점 30lux, 조리실 50lux

(12) 정미량과 폐기량

① 조리 시 먹을 수 있는 가식부를 정미량, 버려지는 부분을 폐기량이라 한다.

② 폐기율(%) = (폐기량 ÷ 전체 중량) × 100

③ 발주량 = {정미 중량 ÷ (100 − 폐기율)} × 인원수 × 100

④ 출고계수 = 1 ÷ 정미율 × 100

(13) 조리기구

① **그라인더** : 쇠고기 등을 갈때 사용하는 기구

② **필러** : 껍질을 벗기는 기구

③ **슬라이서** : 고기나 햄 등을 일정한 두께로 저미는 기구

④ **챠퍼** : 식품을 다지는 기구

⑤ **믹서** : 식재료를 섞거나 반죽할 때 쓰는 기구

⑥ **휘퍼** : 거품을 내거나 반죽할 때 쓰는 기구

⑦ **살라만더** : 구이용으로 위에서 불이나와 겉 표면을 구워주는 기구

⑧ **스쿠퍼** : 아이스크림, 과일 등을 동그랗게 뜨는 기구

⑨ **그릴러** : 굵은 석쇠 형태로 굽는 기구

⑩ **그리들** : 철판의 열로 볶음요리나 전 등을 다량으로 조리하는 기구

⑪ **세미기** : 단체급식 등 다량의 쌀을 씻을 때 사용하는 기구

⑫ **가스레인지** : 불조절은 음식을 조리하는 데 있어 중요하며, 강, 중, 약불을 재료의 성질에 맞춰 할 수 있어야 한다.

⑬ **온도계** : 조리온도를 측정하는데 사용한다.

- 적외선 온도계 : 비접촉식으로 조리 시 표면 온도 측정

• 육류용 온도계 : 탐침하여 육류 내부온도 측정
• 200~300℃ 정도를 측정하는 봉상액체 온도계 : 기름 등 액체의 온도 측정

⑭ **조리용 시계:** 면을 삶거나 찜을 할 때 등 조리시간을 측정할 때는 타이머 또는 스톱워치 등을 사용하면 편리하다.

Tips

[가열조리]

① 습열조리 : 물을 열매체로 이용하여 조리하는 방법
삶기, 끓이기, 데치기, 찌기 등

② 건열조리 : 물을 사용하지 않고 기름이나 복사열을 이용하여 조리하는 방법
구이, 볶음, 전

[비가열조리]

• 수용성 성분의 파괴를 최소화하여 비타민과 무기질 손실이 적음
• 식품 본연의 맛을 살려서 조리
• 조리방법이 간단함
• 기생충에 교차 오염되지 않도록 위생적으로 재료를 관리하여 조리

2. 조리의 종류

1. 한식 밥 조리

밥 짓기의 시작은 삼국시대 후기부터이며 쌀이 주가 되거나 다른 곡류나 육류, 채소류, 어패류, 견과류 등을 섞어서 물을 붓고 불을 조절하여 호화시키는 조리법 이다.

(1) 밥의 종류

흰밥, 현미밥, 잡곡밥, 오곡밥, 영양밥, 굴밥, 비빔밥, 무밥, 콩나물밥, 곤드레밥, 김치밥, 서미밥 등이 있다.

표 3-1 쌀의 종류

쌀의종류	재배 지역 및 기후	쌀의 특징
인디카형 (장립종)	베트남, 태국, 미얀마, 필리핀, 중국남부, 미 대륙, 브라질 등 고온다습한 열대 및 아열대 지역	• 세계 쌀 생산량의 90% 이상 생산 • 쌀알의 길이가 길고, 씹을 때 단단하다. • 찰기가 적어 잘 부서지고 불투명하다.
자바니카형 (중립종)	스페인, 이탈리아, 중남미등 아열대 지역	• 쌀알의 길이나 찰기는 인디카형과 자포니카형 중간 정도이다.
자포니카형 (단립종)	한국, 중국, 일본, 미국 서해안 등 온난한 지역	• 쌀알이 짧고 둥근 형태로 밥을 지으면 찰기가 있다.

(2) 밥 조리

① 쌀의 최대 침지(수분을 침투시켜 호화시간 단축) 시간은 30분~1(최대 수분흡수량 20~30%)시간 내로 한다.

② 씻을 때는 3~5회 정도 맑은 물이 나올 때까지 한다.

③ 씻을 때는 전분, 수용성 단백질, 지방, 비타민 B_1, 향미물질 등의 손실이 크므로 단시간에 해야 한다.

④ 밥의 종류와 특성에 따라 조리 방법을 다르게 한다.

[가열 시 3단계]

① 1단계 온도상승기 : 강한 화력에서 10~15분 정도 가열

② 2단계 비등기 : 중간 화력에서 5분 정도 유지

③ 3단계 증자기 : 약한 화력에서 15~20분 정도

※ 뜸들이기(15분 정도) → 밥 저어주기

※ 수분함량 60~65%, 밥물의 ph7~8, 소금 0.3% 첨가하였을 때 밥맛이 좋다.

※ 아밀로오스보다 아밀로펙틴이 많을수록 점성이 높아 밥맛이 좋다.

(3) 밥 담기

① 조리 종류와 색, 형태, 분량 등에 따라 그릇을 선택해서 담는다.

② 밥의 종류와 특성에 따라 그릇을 선택한다.

③ 따뜻하게 담아 제공한다.

④ 골고루 섞어 누루지 않게 담는다.

2. 한식 죽 조리

곡물의 수확과 조리기구인 토기 문화가 도입되면서 시작되었고 주식, 구황식에서 현대에 이르러서는 별미식, 보양식, 환자식, 기호식, 식욕촉진제 등으로 이용되고 있다.

한 가지 곡류나 곡류와 함께 채소류, 육류, 어패류, 견과류 등을 섞어 물을 붓고 불을 조절하면서 호화되게 하는 조리법이다.

(1) 죽 재료 준비

① 주재료는 쌀이나 곡류로 용도에 따라 분쇄정도를 조절하고, 부재료는 시식 용도에 맞게 준비하고 손질한다.

② 쌀은 씻어서 물에 1시간 이상 충분히 불려서 준비한다.

③ 옹근죽은 쌀알을 그대로 사용하여 끓인다.

④ 원미죽은 쌀을 반으로 빻아서 사용한다.

⑤ 무리죽은 쌀을 갈거나 쌀가루를 사용한다.

표 3-2 죽에 사용하는 채소류의 영양

종류	영양
당근	• 지용성이므로 기름에 조리하여 섭취해야 흡수율을 높인다. • 녹황색 채소로 베타카로틴이 풍부하여 비타민 A의 주요 급원 • 비타민 A, B, C, 철분, 인, 식이섬유 등 함유
오이	• 비타민 A, K, C 함유 • 칼륨이 312mg/100g 함유, 체내 노폐물 배설작용을 한다. • 오이의 쓴맛 성분은 쿠쿠르비타신으로 꼭지부분에 많이 함유 • 비타민 C 산화 효소가 있어 비타민 C를 파괴한다. • 칼륨이 함유되어 있어 체내의 노폐물 배출에 도움을 준다.
양파	• 퀘세틴은 양파 껍질에 있는 황색 색소 • 익혔을 때 단맛을 내는 성분은 프로필메르캅탄 성분이 들어 있다. • 지질 산패방지 및 신진대사를 높여 혈액순환을 좋게 하고, 콜레스테롤을 저하시킨다.
호박	• 베타카로틴 풍부 • 천식, 전신부종, 임신부종으로 인한 부종 등에 사용 • 당뇨, 고혈압, 전립선 비대에 효과적이다. • 항산화, 항암작용이 있고 야맹증, 안구건조증에 효과적이다.

종류	영양
시금치	• 엽산이 함유되어 빈혈 예방에 효과적이다. • 베타카로틴 함량이 높다. • 사포닌과 식이섬유가 많고 콜레스테롤 수치를 낮춘다. • 시금치의 떫은맛은 수산 때문이며, 끓는 물에 데치면 제거된다.(수산은 칼슘의 흡수를 방해함)
고사리	• 아린 맛 성분인 브라켄톡신이 들어 있으나 물에 담가두면 제거된다. • 잎에 탄닌 성분, 싹에 유리아미노산이 1.4%로, 로이신, 아스파라긴산, 글루타민산, 티로신, 페닐알라닌의 함량이 높고, 잎을 달여 마시면 이뇨, 해열에 효과적이다. • 생고사리에는 티아미나제(비타민 B1 분해효소)가 있어 삶아서 사용한다.
도라지	• 사포닌 성분은 가래를 삭히고 진통, 소염 작용이 있으며, 폐의 기능을 향상시킨다. • 혈중 콜레스테롤 수치를 낮추며, 섬유질, 비타민, 무기질이 풍부하다. • 도라지의 쓴맛은(알칼로이드 성분 제거) 물에 담가서 사용한다.

표 3-3 죽에 사용하는 육류의 영양

종류	특성
소고기	• 소고기 썰기(암적색) → 산소접촉(실온방치) → 미오글로빈이 산소와 결합(선홍색) → 갈색으로 변화 • 쇠고기 부패 과정에서 염기성 물질이 상승하면서 암모니아도 상승 • 단백질 함량은 약 20%로 필수아미노산이 많다. • 비타민 A, B_1, B_2, 철 등을 함유하고 있어 영양가가 높다.
돼지고기	• 단백질, 비타민 B_1을 많이 함유하고 있다.
닭고기	• 단백질은 많고, 지방은 적어 담백하고 풍미가 좋다. • 숙성은 1주일 정도로 하며 글루탐산 함량이 높아져 맛이 좋아진다.

표 3-4 죽에 사용하는 어패류의 영양

종류	영양
전복	• 글루탐산, 아데닐산의 감칠맛, 아르기니, 글리신, 베타인의 단맛, 글리코겐 함유로 깊은 맛을 낸다. • 전복은 콜라겐, 엘라스틴이 많아 살이 탱탱한 질감을 가진다.

종류	영양
참치	• 어획 시 바로 −55~60℃에 급랭하여 미오글로빈의 산화를 방지 • 이노신산의 함유량이 높다. • 적색육은 지질이 1%로 저칼로리, 배 쪽의 부위는 지질이 30~40% 수준으로 높다. • 철과 셀레늄 함량이 높아 항산화 작용과 발암억제 작용을 한다.
새우	• 글리신, 아르기닌, 타우린 함량이 높고 고단백 저지방 식품이며, 비타민 E와 나이아신의 함유량도 높다.

(2) 죽 조리

① 죽은 곡물에 5~6배 정도의 물을 붓고, 오랫동안 끓여 호화시킨 음식이다.

② 강불에서 끓이다 약불로 줄여 중간에 한 번씩 눌러 붙지 않도록 저어 가며 끓인다.

③ 간은 약하게 하고 미리하면 죽이 삭으므로 간장, 소금 등을 곁들여 내는 것이 좋다.

④ 미음은 물을 10배 넣고 푹 끓여 걸러낸 음식이다.

⑤ 응이는 녹말에 물을 넣어 끓인다.

⑥ 암죽은 곡식의 가루를 밥물에 타서 끓이는 죽으로 모유 대용식품이다.

(3) 죽 담기

① 조리 종류와 색, 형태, 분량 등에 따라 그릇을 선택한다.

② 초조반은 아침에 간단하게 차려지는 죽상이다.

③ 찬으로는 맵지 않은 국물이 있는 나박김치, 동치미가 좋다.

④ 먹기 직전에 따뜻하게 담아 제공한다.

Tips

[식기의 종류]

주발, 탕기, 대접, 조치보, 보시기, 쟁첩, 조반기, 반병두리, 옴파리, 밥소라, 쟁반, 녹양푼, 수저 등

※ 스테인리스를 사용하면 죽이 삭으므로 사용하지 않는다.

3. 한식 국, 탕 조리

육류, 어류 등에 물을 넣고 오래 끓이거나 육수를 만들어 육류, 해산물, 채소류 등을 넣어 조리하는 방법으로 부재료나 주재료 향신료를 순서에 따라 넣어 끓여준다.

(1) 국 양념장 숙성

① 1차 : 상온에서 2~4일

② 2차 : 8~12℃에서 5~10일간 숙성

(2) 국, 탕 재료 준비

① 조리도구, 재료를 준비하여 필요량에 맞게 계량한다.

② 육류, 채소류 등은 다듬고 깨끗하게 씻어 전처리한다.

③ 식재료에 따라 알맞게 손질한다.

표 3-5 국과 탕의 종류

구분	종류
국류	• 미역국, 북어국, 콩나물국, 감자국, 아욱국, 쑥국, 오이냉무국, 맑은국, 시금치토장국, 미역냉국, 가지냉국 등(건더기와 국물 1:3 비율)
탕류	• 조개탕(와가탕, 와각탕, 와게탕), 홍합탕, 갈비탕(가리탕), 육개장, 추어탕, 완자탕, 애탕, 우거지탕, 삼계탕, 머위깨탕, 감자탕, 설렁탕, 바지탕 등(건더기와 국물 1:2 비율)

Tips

[초계탕]

닭을 삶은 후 살코기는 가늘게 찢어 준비하고 육수는 기름을 걷어내어 맑게 하고 차게 식혀 식초, 겨자 등으로 간을 하여 먹는 여름철의 전통음식이다.

(3) 국, 탕 조리 시 주의할 점

① 쌀뜨물은 된장국을 끓일 때 채소의 풋냄새를 잡아준다.

② 멸치 육수를 낼 때는 잘 말려 비린 맛이 나지 않게 하고 뼈째 사용해야 영양가 있는 육수를 얻을 수 있다.

③ 조리 종류에 따라 끓이는 시간과 불의 세기를 조절하고 간을 맞춘다.

④ 육수 낼 때 소금을 먼저 넣게 되면 삼투압 작용이 있어 재료 단백질이 응고되어 시원한 맛이 덜하다.

⑤ 육수에 향신채를 너무 많이 넣게 되면 국물 본래의 시원한 맛이 덜해지므로 주의해야 한다.

⑥ 국, 탕 조리온도를 85~100℃로 유지한다.

(4) 국, 탕 담기

① 국, 탕 그릇 : 탕기, 대접, 뚝배기, 질그릇, 오지그릇, 유기그릇 등

② 조리 종류에 따라 고명을 곁들일 수 있다.

③ 국을 그릇에 담을 때는 건더기와 국물의 비율이 2 : 3 또는 1 : 2 정도로 담아낸다.

4. 한식 찌개 조리

육수에 된장, 고추장이나 젓갈류로 간을 맞추고, 채소류, 육류, 해산물류를 조리용도에 맞게 손질하여 끓여내는 조리법이다.

표 3-6 찌개의 종류

구분	종류
맑은 찌개류	새우젓, 소금, 청장으로 간(두부젓국찌개, 명란젓국찌개, 호박젓국찌개 등)
탁한 찌개류 (토장찌개)	된장, 청국장, 고추장으로 간(된장찌개, 생선찌개, 순두부찌개, 청국장찌개, 게감정 등)
• 감정 : 고추장을 넣어 만든 찌개 • 지짐 : 국물을 찌개보다 적게 끓여 만든 것 • 찌개(조치) : 생선조치, 처녑조치 등이 있다.	

(1) 찌개 재료 준비

① 재료를 세척하고 필요량에 맞게 계량한다.

② 식재료에 따라 알맞게 썰거나 밑 준비한다.

③ 찬물에서부터 육수에 재료를 넣고 서서히 끓여 기름이 떠오르면 걷어내고 불의 세기와 가열시간을 조절한다.

④ 멸치로 육수를 낼 때는 내장을 제거하고 15분 정도 끓인다.

(2) 찌개 조리

① 육수는 채소류, 소고기, 어패류, 닭고기, 버섯류, 다시마 등을 사용하며 끓일 때 향신채인 파, 마늘, 생강, 통후추 등과 함께 끓여 잡내 제거와 향미를 증진시킨다.

② 조개류로 육수를 만들 때 소금물에 해감한 후 약불로 단시간에 끓여 낸다.

③ 찌개 육수에 재료와 양념을 순서에 알맞도록 넣고 끓인다.

④ 찌개가 끓어오르면 잘 익는 재료나 색이 잘 변하는 재료 위주로 마지막에 넣고 간을 맞춰 완성한다.

(3) 찌개 담기

① 찌개를 담는 그릇은 탕기보다 조금 작은 조치보에 담아 낸다.

② 찌개그릇은 냄비, 뚝배기, 오지냄비 등이 있다.

③ 찌개의 건더기는 국물의 2/3로 건더기를 많게 담는다.

④ 찌개는 온도를 뜨겁게 유지하여 제공한다.

5. 한식 전, 적 조리

육류, 어패류, 채소류 등을 손질하여 잘 익을 수 있게 썰어서, 재료 그대로 쓰거나, 꼬치에 꿰거나 하여 밀가루와 달걀물을 입혀 기름 두른 팬에 지져내는 조리법이다.

전은 기름을 두르고 밀가루와 달걀물을 묻혀 지져내는 음식으로 영양소를 상호 보완하며 전유어, 전유화, 전유아, 전, 저냐 등으로 부르며 제사에 사용한 전은 납, 갈납이라고 하며, 되도록 한입크기로 작게 만드는 것이 좋다.

적은 재료를 양념하여 꼬치에 작게 꿰어 굽는 음식으로 꼬치에 꿰인 처음 재료와 마지막 재료가 같아야 한다. 또한 석쇠로 굽는 직화구이와 팬에 굽는 간접구이로 구분한다.

① **산적** : 섭산적, 해물산적, 두릅산적처럼 익히지 않은 재료를 양념하여 꼬챙이에 꿰어서 옷을 입히지 않고 석쇠나 팬에 익히는 것이다.

② **지짐누름적** : 재료를 양념하여 꼬치에 꿰어 전을 부치듯이 밀가루와 달걀물을 입혀 속 재료가 잘 익도록 누르면서 지지는 것이다.

③ **누름적** : 재료를 익혀 꼬치에 끼우는 것이다.

표 3-7 전, 적의 종류

구분	종류
전류	표고버섯전, 깻잎전, 파전, 녹두전, 생선전, 육원전, 호박전, 메밀전병 등
적류	지짐누름적, 두릅산적, 섭산적, 화양적, 파산적, 떡산적 등

(1) 전, 적 재료준비

① 재료를 세척하고 필요량에 맞게 계량한다.

② 전, 적 재료는 자르기, 수분제거, 밑간 등 밑 손질을 말한다.

③ 전, 적에 사용하는 기름은 발연점이 높은 기름을 사용한다.

④ 속 재료는 육류, 해산물, 두부 등을 다지거나 으깨어 갖은 양념하여 사용한다.

⑤ 전은 형태, 종류, 조리법이 다양하며 재료 또한 다양하다.

⑥ 전은 지방질이 적고 비린내가 덜 나는 흰살생선으로 한다.

표 3-8 전처리 음식 재료의 장점과 단점

구분	특징
전처리 음식 재료의 장점	• 작업공정, 공간의 편리성 • 조리시간의 단축 • 재고 관리의 편리성 • 음식물 쓰레기 처리의 용이성과 비용절감 • 인력부족에 대한 대안이 가능
전처리 음식 재료의 단점	• 세척, 소독 과정에서 소독제를 사용함으로써 잔류물 가능 • 화학적 위해요소 처리 과정에서 화학적물질(살충제, 살균제 등)유입 가능 • 화학제 사용에 대한 기준 및 철저한 관리필요 • 전처리 음식 재료 처리 과정에서 병원균 등의 생물학적 위해요소 발생 가능성

표 3-9 전, 적 조리 종류에 맞는 도구

구분	특징
프라이팬	• 코팅이 쉽게 벗겨지지 않고 너무 무겁지 않은 것 • 사용 후에 바로 세척하여 기름때가 끼지 않도록 관리함 • 금속 조리기구, 젓가락, 숟가락, 수세미 등 사용금지

구분	특징
번철(그리들)	• 달라붙지 않도록 조리 전에 예열을 해야 한다. • 조리 후 80℃ 온도에서 기름때를 닦아야 잘 닦인다.
석쇠	• 사용하기 전에 예열 • 기름을 바르고 재료를 올려 달라붙지 않도록 한다.

(2) 전, 적 조리

① 재료에 꼬치를 끼우거나 완자를 만들어 소를 채운 전의 형태로 만든다.

② 팬에 기름을 두르고 강불로 열을 올린 후 중, 약불로 줄인 뒤 부쳐야 기름을 많이 흡수하지 않는다.

③ 덧가루(밀가루)를 많이 사용하면 텁텁하므로 묻히고 잘 털어내어 달걀물을 입혀 지진다.

④ 전, 적 만드는 순서 : 전처리(재료 얇게 저미거나 채썰기, 다지기) → 밑간(청주, 소금, 후추) → 밀가루, 달걀물 입히기 → 프라이팬에 기름을 두르고 온도 오르면 부쳐내기 → 전은 겹치지 않도록 펴서 담기 → 전, 적은 따뜻하게 제공, 초간장 곁들임

(3) 전, 적 담기

① 전, 적의 종류와 특성에 따라 알맞은 그릇을 선택한다.

② 조리한 전, 적은 기름기를 빼고 담아낸다.

③ 전, 적 조리를 색, 풍미, 모양 등을 예쁘게 담아낸다.

6. 한식 생채, 회 조리

생채는 생것을 양념하는 조리법이고, 회 조리는 생것 또는 데침 등의 조리법이다. 회와 숙회의 차이는 날것과 익힌 것을 말한다.

표 3-10 생채와 회 조리의 특징

종류	특징
생채 조리	• 제철 채소류를 익히지 않고 생것으로 무쳐 재료 본연의 맛을 살리고 영양 손실을 적게 하는 조리법이다. • 자연 그대로의 색감, 식감 등 신선함을 살릴 수 있다. • 생채는 알칼리성이며 영양소의 손실이 적고 비타민과 무기질이 풍부 • 채소는 열량이 적고 수분함량이 약 70~90%로 많다. • 생채류 : 오이생채, 더덕생채, 무생채, 도라지생채, 부추생채, 배추생채, 해파리냉채, 겨자냉채, 미역무침, 파래무침, 달래무침 등
회 조리	• 육류, 어패류, 채소류 등을 썰어 생으로 곁들임 장을 찍어 먹는 조리법이다. • 회류 : 육회(생것), 문어숙회(익힌 것), 미나리강회, 파강회 등

(1) 생채, 회 재료 준비

① 재료를 세척하고 필요량에 맞게 계량한다.

② 식재료 생채, 회의 종류에 따라 알맞게 손질하여 저미기, 포뜨기, 썰기, 익히기 등 전처리를 한다.

③ 생채, 회 재료는 신선해야 한다.

(2) 생채, 회 조리

① 생채 조리

- 일정하게 썰어야 한다.
- 양념장 재료의 비율을 정확하게 계량한다.
- 산뜻한 맛을 내는 것이 좋다.
- 조리 시 물이 생기지 않게 주의한다.
- 조리 시 참기름, 들기름 등은 사용하지 않는다.
- 식초, 설탕, 고추장, 초장, 겨자즙 양념을 사용하여 새콤달콤하게 무친다.
- 고춧가루로 색을 들인 후 설탕, 소금, 식초의 순으로 간을 한다.
- 겨자는 씨를 가루로 낸 것으로 40℃의 따뜻한 물을 넣고 개어 숙성시켜 매운 맛이 나면 식초, 설탕, 소금 등을 넣고 잘 저어 겨자장을 만든다.

② 회 조리

- 회 조리는 재료가 신선해야 한다.
- 생으로 먹기 때문에 재료를 위생적이고 청결에 신경써야 한다.
- 도마를 구분하여 사용하고 조리도구를 위생적으로 관리한다.
- 회는 회생, 숙회익힘로 구분할 수 있다.

(3) 생채, 회 담기

① 제공 직전에 무쳐 내고 색상에 맞춰 용기에 담는다.

② 재료나 조리 종류의 특성에 따라 양념장을 다르게 곁들인다.

표 3-11 용기의 종류 및 특징

구분	특징
주발	몸체가 직선형으로 올라간 형태이며, 남자용 밥그릇으로 쓰인다.
바리	입이 안쪽으로 오므라든 형태이며, 여자용 밥그릇으로 쓰인다.
탕기	국대접, 국사발이라고 불리며 남자, 여자 탕기는 각각 직선과 곡선형으로 이루어져 있다.
쟁첩	납작한 형태이며 반찬을 담는 그릇이다.
조치보	반찬 그릇이며 어류, 육류, 찜 등을 담을 때 쓰인다.
보시기	쟁첩보다 살짝 크고, 김치류를 담을 때 쓰인다.
옴파리	입이 작고 오목한 모양으로 사기로 만든다.
대접	면, 국수 등을 담을 때 쓰인다.
조반기	대접처럼 운두가 낮고 위가 넓은 모양으로 꼭지, 뚜껑이 있다.
빈병두리	위는 넓고 아래는 조금 평평한 양푼 모양의 대접이다.
종지	그릇 중에 가장 작으며 장류(초간장, 초고추장 등)를 담을 때 쓰인다.
접시	나박한 그릇으로 찬, 과실, 떡 등을 담을 때 쓰인다.
토구(비아통)	식사할 때 가시, 뼈 등을 담는 그릇으로 쓰인다.
쟁반	주전자, 술병, 찻잔 등을 담아 놓거나 나르는데 쓰인다.

7. 한식 조림, 초 조리

채소류, 어패류, 육류 등을 간장양념에 약한 불에서 국물이 거의 없어질 때까지 조린 음식이다.

(1) 초의 특징

① 해삼, 전복, 홍합 등의 재료를 모양 그대로 간장양념을 넣고 약한 불에서 끓이다가 조림보다 간을 약하고 달게 하여 윤기 나게 소려낸다.

② 마지막에 물 전분을 넣으면 걸쭉하고 윤기가 난다.

③ 주재료에 따라 홍합초, 전복초, 삼합초, 해삼초 등이 있다.

(2) 조림, 초 재료 준비

① 재료를 세척하고 필요량에 맞게 계량한다.

② 식재료 조림, 초의 종류에 따라 알맞게 손질한다.

③ 조림, 초의 재료를 특성에 따라 다듬기, 씻기, 썰기를 하여 전처리한다.

표 3-12 장조림의 종류 및 특징

종류		특징
소	사태	• 앞, 뒷발의 허벅지 부분으로 운동량이 많고 근육다발이 모여 있어 쫄깃한 맛을 낸다. • 기름기가 없어 담백하면서도 깊은 맛을 내며 장시간 가열하면 연해진다.
	우둔살	• 지방이 적고 살코기가 많다. • 우둔살은 고기의 결이 약간 굵으나 연하고, 홍두깨살은 순살코기로 결이 거칠고 단단하지만 맛이 담백하다.
돼지	뒷다리	• 엉덩이 쪽 부위의 고기로 살집이 두터우며 지방이 적고 육즙이 많다.
닭	가슴살	• 지방이 적어 담백하고 근육섬유로만 되어 있어 식감이 좋으며 회복기 환자나 어린이 영양 간식에 적합하다. • 칼로리 섭취를 적게 하고 영양 균형을 이룰 수 있다.

※ 쇠고기, 돼지고기, 닭고기의 품온 측정은 냉장육 0~5℃, 냉동육은 −18℃ 이하가 적당하다.

(3) 조림 조리

① 재료의 크기는 일정한 크기로 썬다.

② 고기 조림은 간장을 처음부터 많이 넣으면 고기가 질겨지므로 연하게 간을 하고 마지막에 간장을 더 넣도록 한다.

③ 조림 생선요리는 국물 또는 조림장이 어느 정도 조려지면 넣고 젓지 않고 조려야 살이 부서지지 않는다.

④ 조림 생선은 센 불에서 끓여 비린내를 휘발시킨 후 뚜껑을 덮고 약 80% 까지 익히고 파, 마늘 등을 넣는다.

⑤ 청주, 맛술, 설탕을 넣은 후 간장을 넣는다.

(4) 초 조리

① 재료의 크기는 일정한 크기로 썬다.

② 초 조리는 재료가 눌어붙거나 모양이 흐트러지지 않게 불세기를 강, 중, 약 불로 조절하여 익힌다.

③ 데치기, 삶기는 끓는 물에서 데친 후 재빨리 냉수(얼음물)에 헹궈야 색이 선명하다.

④ 초 양념장 만들기는 간장 양념장 만들기와 동일(마지막에 전분물을 사용하는 것이 다름)하다.

⑤ 전분물은 1 : 1 동량을 만들어 물을 따라내고 사용하는데 불을 끄고 열기가 있을 때 전분물을 넣어 빨리 젓는다.

⑥ 양념은 설탕 → 소금 → 간장 → 식초의 순으로 넣는다.

(5) 조림, 초 담기

① 조림, 초의 종류와 특성에 따라 그릇을 알맞게 선택한다.

② 조림의 표면이 마르지 않도록 국물을 촉촉하게 끼얹어 낸다.

③ 조림, 초의 재료나 조리 종류에 따라 고명을 알맞게 얹는다.

8. 한식 구이 조리

불을 이용한 요리 중 가장 먼저 발달된 조리법으로 육류, 조류, 어패류, 채소류, 버섯류 등의 재료를 양념장이나 소금에 재워 직, 간접 화력으로 익히는 조리이다.

구이는 색과 형태를 유지하며, 즉 부서지거나 타지 않게 구워야 한다.

(1) 구이 재료 준비

① 재료를 세척하고 필요량에 맞게 계량한다.
② 식재료 구이의 종류에 따라 알맞게 손질한다.
③ 양념용 채소를 전처리할 때는 재료를 곱게 다져야 조리 시 양념이 타는 것을 방지한다.

(2) 구이 조리

① 구이 종류에 따라 양념하거나 유장 처리한다.
② 구이 종류에 따라서 초벌구이하고 불의 세기를 조절하여 익힌다.
③ 구이의 형태, 색을 유지한다.
④ 양념장 재료를 비율대로 조절, 혼합하고 필요에 따라 양념장을 숙성한다.
⑤ 양념하여 재워두는 시간은 30~40분 정도가 좋다.
⑥ 간을 하여 오래두면 육즙이 빠져 질기고 맛이 없다.
⑦ 구이는 타지 않도록 유장(간장, 참기름) 처리하여 먼저 초벌구이를 한다.
⑧ 초벌구이 후 고추장 양념을 발라 구워(재벌구이)야 타지 않는다.
⑨ 육류 구이는 중불 이상에서 굽는다. (화력이 약하면 육즙이 흘러나옴)

표 3-13 구이의 양념에 따른 분류

구분	종류
소금구이	소금을 뿌려 굽는 방법 예 방자구이(소고기), 생선소금구이, 김구이 등
간장양념구이	간장을 이용할 때 만들어 놓은 양념장에 재워 굽는 방법 예 너비아니구이, 불고기, 소갈비구이, 닭고기구이 등
고추장양념구이	고추장 양념을 만들어 재료를 재워 놓고 굽는 방법 예 제육구이, 북어구이, 생선양념구이, 더덕구이, 뱅어포구이, 장어구이 등

표 3-14 구이의 열원

구분	특징
직접구이 석쇠구이(브로일링)	• 복사열과 대류에너지로 재료를 굽는 방법이다. • 열원이 위에서 나와 굽는 상방 가열법, 아래 열에서 굽는 하방 가열법이 있다.
간접구이 철판구이(그리들링)	• 아래쪽의 전도열로 구이를 하는 방법으로 철판구이, 프라이팬 등이 있다. • 철판이나 팬에 예열이 잘돼 있어야 재료가 눌러 붙지 않는다.

Tips

재료를 연화시키는 방법 : 산첨가, 효소첨가, 설탕첨가, 염첨가, 연육하기

(3) 구이담기

① 조리 종류와 색, 형태, 분량 등에 따라 그릇을 선택하여 담는다.

② 종류에 따라 고명을 알맞게 선택하여 장식한다.

③ 구이는 75℃ 이상 온도에서 따뜻하게 제공한다.

9. 한식 숙채 조리

채소를 물에 데치거나 삶은 후 양념하여 무침, 볶음을 하는 조리 방법이다.

(1) 숙채 재료 준비

① 재료를 세척하고 필요량에 맞게 계량한다.

② 식재료 숙채의 종류에 따라 알맞게 손질하여 전처리한다.

③ 숙채 종류에 따라 다듬기, 씻기, 삶기, 데치기, 자르기를 알맞게 한다.

④ 시금치는 끓는 물에 소금을 넣고 살짝만 데쳐야 색 변색이 없다.

⑤ 시금치에는 수산성분이 있기 때문에 데칠 때 뚜껑을 열고 데쳐야 한다.

⑥ 데친 시금치는 빠르게 찬물에 식혀 건진다(담가두면 비타민 C가 용출된다)

⑦ 끓는 물에 데치는 재료 : 콩나물, 쑥갓, 시금치, 숙주나물 등

⑧ 소금에 절이는 재료 : 호박, 오이, 도라지 등

(2) 숙채 조리

① 재료를 데치거나 삶는다.

② 양념의 비율을 잘 맞추고 재료에 잘 섞어 무치거나 볶는다.

③ 채소를 익혀 조리하면 특유의 쓴맛이나 떫은맛, 아린맛 등을 제거하고 식감을 좋게 한다.

④ 습열조리에는 데치기, 삶기, 끓이기, 찌기가 있고, 건열조리에는 볶기가 있다.

(3) 숙채 담기

① 종류와 특성에 따라 그릇을 알맞게 선택하여 담아낸다.

② 조리 종류에 따라 고명을 알맞게 선택하여 얹는다.

10. 한식 볶음 조리

채소류, 어패류, 육류 등에 간장, 고추장 양념을 넣어 재료에 맛이 충분히 배이도록 하여 볶는 조리이다.

(1) 볶음 재료 준비

① 재료를 세척하고 필요량에 맞게 계량한다.

② 전처리란 재료의 특성에 따라 다듬기, 씻기, 썰기를 말한다.

③ 말린채소는 비타민과 미네랄 함량이 생채소보다 높다.

④ 들기름은 오메가-3 지방산이 많이 들어 있고 공기에 노출되면 영양소가 파괴되므로 뚜껑을 잘 닫아 냉장 보관한다.

⑤ 참기름은 리그난이 함유되어 있어 산패를 막으며 뚜껑을 잘 닫고 직사광선을 피해 상온보관 한다. (냉장보관 시 굳거나 부유물이 뜨는 현상이 나타남)

(2) 볶음조리

① 조리의 종류에 따라 알맞은 조리도구에 양념장과 재료를 넣어 기름에 볶는다.

② 다른 조리보다 높은 화력으로 단시간에 조리해야 질감, 색, 향이 좋으며 흡유율이 적다.

③ 재료가 눌어 붙거나 모양이 흐트러지지 않게 불세기를 조절하여 익힌다.

④ 볶음 팬은 얇은 팬보다 두꺼운 팬이 좋다.

⑤ 재료의 익는 속도와 양념배이는 속도를 일정하게 하려면 작은 냄비보단 큰 냄비가 좋다.

(3) 볶음 담기

① 볶음의 종류와 특성에 따라 그릇을 알맞게 선택한다.

② 조리 종류에 따라 고명을 알맞게 선택하여 얹는다.

③ 물기생기지 않도록 신속히 담아내고, 간단하고 깔끔하게 담는다.

Tips

그릇의 형태 및 종류 : 원형, 사각형, 이미지사각형, 삼각형, 역삼각형

표 3-15 그릇에 담는 방법

구분	특징
좌우대칭	• 중앙을 지나는 선을 중심으로 대칭으로 담는 방법 예 원을 반가른 모양 • 고급스럽고 안정감이 있다. • 단점은 단순화되기 쉽다.
대축대칭	• 접시 중심에 요리의 배분을 똑같게 배열하는 방법이다. 예 꽃잎모양 • 안정감, 화려함, 높은 완성도가 있다.
비대칭	• 형태상으로는 불균형하지만 시각적으로 정돈되어 있는 형태이다. 예 ㅅ 모양 • 새로운 창의적 요리를 시도해 보고 싶을 때 사용 가능하다.
회전대칭	• 요리의 배열이 일정한 방향으로 회전하는 형태이다. 예 바람개비 모양 • 균형을 잘 맞추지 않으면 산만한 느낌을 줄 수 있다.

PART Ⅱ

한식 조리기능사

수험자 유의사항

1) 만드는 순서에 유의하며, 위생과 숙련된 기능평가를 위하여 조리작업 시 맛을 보지 않습니다.
2) 지정된 수험자지참준비물 이외의 조리기구나 재료를 시험장내에 지참할 수 없습니다.
3) 지급재료는 시험 전 확인하여 이상이 있을 경우 시험위원으로부터 조치를 받고 시험 중에는 재료의 교환 및 추가지급은 하지 않습니다.
4) 요구사항 및 지급재료의 규격은 "정도"의 의미를 포함하며, 재료의 크기에 따라 가감하여 채점됩니다.
5) 위생복, 위생모, 앞치마, 마스크를 착용하여야 하며, 시험장비 · 조리기구 취급 등 안전에 유의합니다.
6) 다음 사항은 실격에 해당하여 채점 대상에서 제외됩니다.
   - ㉮ 수험자 본인이 시험 도중 시험에 대한 포기 의사를 표현하는 경우
   - ㉯ 위생복, 위생모, 앞치마, 마스크를 착용하지 않은 경우
   - ㉰ 시험시간 내에 과제 두 가지를 제출하지 못한 경우
   - ㉱ 문제의 요구사항대로 과제의 수량이 만들어지지 않은 경우
   - ㉲ 구이를 조림 등으로 조리하여 완성품을 요구사항과 다르게 만든 경우
   - ㉳ 불을 사용하여 만든 조리작품이 작품특성에 벗어나는 정도로 타거나 익지 않은 경우
   - ㉴ 해당과제의 지급재료 이외 재료를 사용하거나 석쇠 등 요구사항의 조리기구를 사용하지 않은 경우
   - ㉵ 지정된 수험자지참준비물 이외의 조리기구를 조리에 사용한 경우
   - ㉶ 가스레인지 화구 2개 이상(2개 포함) 사용한 경우
   - ㉷ 시험 중 시설 · 장비(칼, 가스레인지 등) 사용 시 시험위원 및 타수험자의 시험 진행에 위해를 일으킬 것으로 시험위원 전원이 합의하여 판단한 경우
   - ㉸ 요구사항에 표시된 실격 및 부정행위에 해당하는 경우
7) 항목별 배점은 위생상태 및 안전관리 5점, 조리기술 30점, 작품의 평가 15점입니다.
8) 시험시작 전 가벼운 몸 풀기(스트레칭) 동작으로 긴장을 풀고 시험을 시작합니다.

01 재료썰기

시험시간 25분

한식 조리에 기본이 되는 기본썰기는 지단, 오이, 당근, 무를 요구사항에 맞게 썰어 접시에 가지런히 담아 낸다.

[요구사항]

※ 주어진 재료를 사용하여 다음과 같이 재료 썰기를 하시오.

1. 무, 오이, 당근, 달걀지단을 썰기하여 전량 제출하시오. (단, 재료별 써는 방법이 틀렸을 경우 실격 처리됩니다.)
2. 무는 채썰기, 오이는 돌려깎기하여 채썰기, 당근은 골패썰기를 하시오.
3. 달걀은 흰자와 노른자를 분리하여 알끈과 거품을 제거하고 지단을 부쳐 완자(마름모꼴) 모양으로 각 10개를 썰고, 나머지는 채썰기를 하시오.
4. 재료 썰기의 크기는 다음과 같이 하시오.
   ① 채썰기 − 0.2 cm × 0.2 cm × 5 cm
   ② 골패썰기 − 0.2 cm × 1.5 cm × 5 cm
   ③ 마름모형 썰기 − 한 면의 길이가 1.5 cm

[지급재료]

무	100g	달걀	3개
오이	1/2개	식용유	20mL
당근(6cm)	1토막	소금	10g

Tips

- 달걀지단은 두 번 정도 나눠 부쳐야 쉽다.
- 한 접시 안에 가지런히 담아내야 한다.

[만드는 방법]

① 재료를 깨끗이 세척하여 접시에 담기
② 무는 껍질 벗겨 0.2cm × 0.2cm × 5cm길이로 채썰기
③ 오이는 돌려깎기 하여 0.2cm × 0.2cm × 5cm 채썰기
④ 당근은 껍질 벗겨 0.2cm × 1.5cm × 5cm 골패 썰기
⑤ 달걀은 분리하여 흰자는 체에 내려 알끈제거, 거품제거 → 소금첨가 → 팬 기름코팅 → 약불에서 황, 백지단 부치기 → 마름모꼴 각 10장씩, 나머지 0.2cm × 0.2cm × 5cm 채썰기

실습후기

나의 레시피

요리사진

02 무생채

시험시간 15분

본연의 채소를 열조리를 하지 않고 썰어 양념하거나 소금에 살짝 절여 수분을 제거하고 양념에 무치는데 식초, 설탕을 넣어 숙성하지 않고 바로 먹을 수 있도록 한다.

도라지, 더덕, 오이 등이 생채로 쓰이며 무생채는 채를 썰어 고춧가루에 먼저 버무려 색을 들이고 먹기전 소금, 식초, 설탕, 파, 마늘, 생강, 깨소금을 넣어 식감을 살려 무친다.

[요구사항]

※ 주어진 재료를 사용하여 다음과 같이 무생채를 만드시오.

1. 무는 0.2cm × 0.2cm × 6cm로 썰어 사용하시오.
2. 생채는 고춧가루를 사용하시오.
3. 무생채는 70g 이상 제출하시오.

[지급재료]

무	120g
소금	5g
고춧가루	10g
흰설탕	10g
식초	5mL
대파(4cm)	1토막
마늘	1쪽
깨소금	5g
생강	5g

Tips

- 무채는 일정하게 썰어야 한다.
- 고춧가루색이 진하거나 흐리지 않게 해야 한다.
- 작품제출 직전에 무쳐 내야 절여지지 않는다.
- 담을 때 물기 흐르지 않게 소복하게 담아 낸다.

[만드는 방법]

① 재료를 깨끗이 세척하여 접시에 담기
② 무는 0.2cm × 0.2cm × 6cm 채썰기
③ 고춧가루 체에 내려 무채에 고춧물 들이기
④ 파, 마늘 곱게 다지기 → 양념 만들기
⑤ 무에 양념 넣어 버무려 담기

[생채양념]
설탕 ············ 1ts
식초 ············ 1ts
소금 ············ 2g
다진파 ········ 1/2ts
다진마늘 ······ 1/2ts
다진생강 ········ 1g
깨소금 ········ 약간

실습후기

무생채　실습일 :　월　일

나의 레시피

요리사진

03 도라지생채

시험시간 15분

생도라지는 특유의 쓴맛이 강해 소금물에 절여 쓴맛을 제거하고 쌉쌀한 맛과 향을 살려 식욕을 돋구는데 먹는 나물로 고춧가루, 고추장 양념을 넣어 무침을 하고 쓴맛을 뺀 도라지는 숙채로 국간장, 소금으로 간하여 비빔밥이나 제사음식으로 올리기도 한다.

[요구사항]

※ 주어진 재료를 사용하여 다음과 같이 도라지생채를 만드시오.

1. 도라지는 0.3cm × 0.3cm × 6cm로 써시오.
2. 생채는 고추장과 고춧가루 양념으로 무쳐 제출하시오.

[지급재료]

재료	분량
통도라지	3개
소금	5g
고추장	20g
흰설탕	10g
식초	5ml
대파(4cm)	1토막
마늘	1쪽
깨소금	5g
고춧가루	10g

Tips

- 도라지를 소금에 너무 절이거나 덜 절여지지 않도록 한다.
- 양념은 미리 만들어야 고춧가루가 불어 색이 예쁘다.
- 버무릴 때 양념 넣는 정도를 잘 맞춰 붉은색을 낸다.

[만드는 방법]

① 재료를 깨끗이 세척하여 접시에 담기
② 도라지 껍질은 한쪽방향으로 돌려 벗기기
③ 도라지는 0.3cm × 0.3cm × 6cm 채썰어 소금절이기
④ 파, 마늘 곱게 다지기
⑤ 양념장 만들어 고춧가루 불리기
⑥ 절인 도라지는 찬물로 깨끗이 헹궈 → 면보로 수분제거
⑦ 도라지에 양념장을 넣고 버무려 완성

[생채양념]
고추장··········· 1ts
고춧가루 ······ 1/2ts
설탕··········· 1/2ts
식초··········· 1/2ts
다진파········· 1/2ts
다진마늘 ······ 1/2ts
깨소금········· 약간
소금··········· 약간

실습후기

도라지생채

실습일 :　　월　　일

나의 레시피

요리사진

04 더덕생채

시험시간 20분

더덕은 밭에서 나는 산삼이라고 불리며 많으면 4~6년 정도 밭에서 길러 수확하여 약용과 식용으로 사용된다. 구이나 무침 밥에 넣어 조리하기도 하는데 생채는 특유의 향과 맛을 즐길 수 있고 고춧가루, 고추장 양념을 사용하며 생채는 참기름을 넣지 않는편이나 더덕 생채는 참기름을 넣어 양념을 한다.

[요구사항]

※ 주어진 재료를 사용하여 다음과 같이 더덕생채를 만드시오.

1. 더덕은 5cm로 썰어 두들겨 편 후 찢어서 쓴맛을 제거하여 사용하시오.
2. 고춧가루로 양념하고, 전량 제출하시오.

[지급재료]

통더덕(10~15cm)	2개	대파(4cm)	1토막
마늘	1쪽	소금	5g
흰설탕	5g	깨소금	5g
식초	5g	고춧가루	20g

Tips

- 더덕껍질은 옆으로 돌려 깎아야 진액이 나오지 않는다.
- 잘 절여야 두둥겼을 때 가늘게 잘 찢어 진다.
- 고춧가루 물들일 때 색깔에 주의해야 한다.

[만드는 방법]

① 재료를 깨끗이 세척하여 접시에 담기
② 더덕 껍질제거 → 편 썰어 → 소금절이기
③ 파, 마늘 곱게다져 양념 만들기
④ 더덕은 절여지면 물로 잘 헹궈 수분제거 → 밀대로 두등기기 → 가늘게 찢기 → 고춧물들이기
⑤ 물들인 더덕에 양념 넣고 버무려 완성

[생채양념]

설탕 ·············· 1ts
식초 ·············· 1ts
소금 ············ 약간
다진파 ········· 1/2ts
마늘 ············ 1/2ts
깨소금 ········· 약간

실습후기

더덕생채 실습일 : 월 일

나의 레시피

요리사진

05 겨자채

시험시간 20분

편육, 해삼물류, 채소류, 과일류를 겨자소스에 무친 요리이다.

귀하고 신선한 재료를 하나하나 준비하여 각각 밑조리를 한 후 발효한 겨자에 식초, 설탕, 소금, 후추 등을 넣고 배즙이나 육수를 넣어주기도 하며 차게 준비해서 냉채로 먹던 연회상이나 교자상에 내던 귀한 음식이었다.

[요구사항]

※ 주어진 재료를 사용하여 다음과 같이 겨자채를 만드시오.

1. 채소, 편육, 황·백지단, 배는 0.3cm × 1cm × 4cm로 써시오.
2. 밤은 모양대로 납작하게 써시오.
3. 겨자는 발효시켜 매운맛이 나도록 하여 간을 맞춘 후 재료를 무쳐서 담고, 통잣을 고명으로 올리시오.

[지급재료]

- 양배추 ······ 50
- 오이(20) ······ 1/3개
- 당근 ······ 50g
- 소고기 ······ 50g
- 밤(껍질깐 것) ······ 2개
- 배 ······ 1/8개
- 달걀 ······ 1개
- 흰설탕 ······ 20g
- 잣 ······ 5개
- 소금 ······ 5g
- 식초 ······ 10ml
- 진간장 ······ 5ml
- 겨자가루 ······ 6g
- 식용유 ······ 10ml

Tips

- 겨자는 뜨겁거나 찬물에 발효하면 쓴맛이 나므로 온도에 주의해야 한다.
- 야채 일정한 크기로 썰어 물기 제거를 잘해야 한다.
- 겨자소스에 버무렸을 때 싱싱하고 물기 없이 담아내야 한다.

[만드는 방법]

① 재료를 깨끗이 세척하여 접시에 담기, 편육용 쇠고기 물에 담가두기
② 냄비에 물 3c 넣고 미지근한 온도 → 겨자분 개어 냄비 뚜껑위에 뒤집어 속성 발효(대략 7분) → 물 끓으면 쇠고기 삶기
③ 양배추, 오이, 당근, 배 0.3cm × 1cm × 4cm 골패썰기 / 밤 모양그대로 편 썰기 / 양배추, 오이, 당근 – 물에 담가두기 / 밤, 배 – 연한 설탕물에 담가두기
④ 발효겨자 양념하기
⑤ 달걀 황, 백지단 0.3cm × 1cm × 4cm 골패 썰기
⑥ 삶은 쇠고기 식혀 0.3cm × 1cm × 4cm 골패 썰기
⑦ 야채 건져 수분제거(부숴지지 않게)
⑧ 대접에 야채, 지단, 쇠고기를 넣고 겨자소스로 버무려 담기 → 잣 올려 완성하기

[생채양념]
발효겨자······· 1Ts
식초············ 1Ts
설탕············ 1Ts
소금············ 1/2ts
간장·········· 1~2g

실습후기

겨자채

실습일 : 월 일

나의 레시피

요리사진

06 육회

시험시간 20분

연하고 기름기가 없는 우둔살, 홍두깨살, 채끝살, 안심살을 채썰어 소금장이나 고추장 등에 양념하여 배채와 함께 담고 잣가루를 위에 올린 음식으로 쇠고기의 부드럽고 담백한 맛이 있어야 한다.

[요구사항]

※ 주어진 재료를 사용하여 다음과 같이 육회를 만드시오.

1. 소고기는 0.3cm × 0.3cm × 6cm로 썰어 소금 양념으로 하시오.
2. 배는 0.3cm × 0.3cm × 5cm로 변색되지 않게 하여 가장자리에 돌려 담으시오.
3. 마늘은 편으로 썰어 장식하고 잣가루를 고명으로 얹으시오.
4. 소고기는 손질하여 전량 사용하시오.

[지급재료]

소고기	90g	대파(4cm)	2토막
배	1/4개	검은후춧가루	2g
잣	5개	참기름	10ml
소금	5g	흰설탕	30g
마늘	3쪽	깨소금	5g

Tips

- 배는 설탕물에 담궈 색이 변하지 않게 하고 채 썰어 접시에 흐트러지지 않게 돌려 담는다.
- 고기는 결 반대로 채 썰고, 마지막에 양념하여 모양 잡아 담는다.
- 핏물이 흐르지 않게 조화롭게 담는다.

[만드는 방법]

① 재료를 깨끗이 세척하여 접시에 담기
배는 통으로 설탕물 담그기

② 잣 곱게 다지기
마늘 결대로 얇게 편 썰고, 대파, 마늘 다지기
쇠고기 0.2cm × 0.2cm × 6cm 채 썰어 핏물제거
배 0.2cm × 0.2cm × 6cm 채 썰어 물기제거

③ 접시에 채 썬 배 돌려 담기

④ 쇠고기 양념하여 접시 가운데 담기

⑤ 고기 옆에 마늘 편 붙이기

⑥ 잣가루 고명

[육회양념]

소금 ··············· 2g
설탕 ··············· 2g
다진파 ············ 2g
다진마늘 ········· 2g
후추 ··········· 약간
깨소금 ········· 약간
참기름 ··········· 1ts

실습후기

육회 실습일 : 월 일

나의 레시피

요리사진

07 미나리강회

시험시간 35분

끓는 소금물에 데친 미나리를 차게 준비하고 편육, 붉은고추, 황백, 지단을 썰어 미나리로 돌돌 말아 먹는 음식으로 미나리의 향과 재료의 맛이 어우러져 일품 음식이다.

봄철에 먹던 음식이며 초고추장이나 겨자장을 곁드려 먹었다.

[요구사항]

※ 주어진 재료를 사용하여 다음과 같이 미나리강회를 만드시오.

1. 강회의 폭은 1.5cm, 길이는 5cm로 만드시오.
2. 붉은 고추의 폭은 0.5cm, 길이는 4cm로 만드시오.
3. 달걀은 황·백지단으로 사용하시오.
4. 강회는 8개 만들어 초고추장과 함께 제출하시오.

[지급재료]

재료	분량
소고기	80g
미나리	30g
홍고추	1개
달걀	2개
고추장	15g
식초	5ml
흰설탕	5g
소금	5g
식용유	10ml

Tips

- 지단은 0.3cm로 부치고 약불에서 색이 나지 않도록 부친다.
- 편육은 결 반대 방향으로 썰어 준다.
- 미나리는 겹치지 않게 일정한 폭으로 감아준다.
- 초고추장은 종지에 담아 곁들여 낸다.

[만드는 방법]

① 재료를 깨끗이 세척하여 접시에 담기
편육용 쇠고기 물에 담가두기
② 냄비에 물 끓여 소금 살짝 넣고 미나리 데치기 → 찬물에 식혀 선명한 녹색
③ 냄비물을 끓여 쇠고기 넣고 삶기(10분 이상)
④ 데친 미나리 줄기 가르고, 홍고추 씨 빼고 0.5cm × 4cm 썰기
황, 백지단 부쳐 0.3cm × 1.5cm × 5cm 골패 썰기
편육 0.3cm × 1.5cm × 5cm 골패 썰기
⑤ 편육 → 흰지단 → 황지단 → 홍고추 → 미나리로 말아주기
⑥ 초고추장 만들기

[초고추장비율]
고추장·········· 1Ts
식초············ 1Ts
설탕·········· 1/2Ts

실습후기

....

....

....

....

....

....

....

....

....

....

....

....

....

....

나의 레시피

요리사진

08 잡채

시험시간 35분

잡채는 당면에 쇠고기, 각색, 채소, 버섯류를 각각 조리하고 볶아낸 후 함께 버무려 참기름, 깨소금을 넣어주고 고명으로 황백지단을 올린 음식이다. 당면이 잡채에 들어가기 시작한 것은 중국당면이 전해지고 1910년대 이후 대량 생산되어 잡채에 들어가는 중요한 식재료가 되었다.

원래 잡채는 떡을 가늘게 썰어 넣었으며 잔칫날 주로 해먹던 요리로 궁중 및 민가에서도 즐겨먹던 음식이었다.

[요구사항]

※ 주어진 재료를 사용하여 다음과 같이 잡채를 만드시오.

1. 소고기, 양파, 오이, 당근, 도라지, 표고버섯은 0.3cm × 0.3cm × 6cm 로 썰어 사용하시오.
2. 숙주는 데치고 목이버섯은 찢어서 사용하시오.
3. 당면은 삶아서 유장처리하여 볶으시오.
4. 황·백지단은 0.2cm × 0.2cm × 4cm로 썰어 고명으로 얹으시오.

[지급재료]

재료	분량	재료	분량
당면	20g	대파(4cm)	1토막
소고기	30g	마늘	2쪽
불린표고버섯	1개	진간장	20ml
불린목이버섯	2개	식용유	50ml
양파	1/3개	깨소금	5g
오이(20cm)	1/3개	검은후춧가루	1g
당근	50g	참기름	5ml
통도라지	1개	소금	15g
숙주	20g	달걀	1개
흰설탕	10g		

Tips

- 당면은 잘 삶아야 하고 밑간할 때 간장색이 잘 나도록 한다.
- 모든 재료는 일정한 크기로 채 썰어야 한다.
- 야채와 양념된 재료들을 볶을 때 불 조절에 신경 써야 한다.

[만드는 방법]

① 재료를 깨끗이 세척하여 접시에 담기

② 당면은 물에 불려주기 / 목이 끓는 물에 불려주기 / 숙주 거두절미 → 데쳐 식혀 → 소금, 참기름 / 당면 5분 정도 삶아주기 → 찬물 식혀 한 두번 자르기 / 간장, 설탕, 참기름 밑간하기 / 도라지 0.3cm × 0.3cm × 6cm채 → 소금절이기 → 씻어 물기제거 / 오이 돌려깎기 후 0.3cm × 0.3cm × 6cm 채 → 소금절이기 → 씻어 물기제거 / 양파 0.3cm × 0.3cm × 6cm 채 / 당근 0.3cm × 0.3cm × 6cm 채 / 파, 마늘 다져 불고기양념 만들기 / 불린 목이 동전크기로 뜯어주기 → 간장, 설탕, 참기름 밑간 / 불린 표고 포 떠서 채 썰기 → 불고기양념 / 쇠고기 채 썰어 핏물제거 → 불고기양념 / 흰자, 노른자 분리하여 소금 간

③ 팬에 황·백지단 부치기 → 도라지, 오이, 양파, 당근 → 목이, 표고, 쇠고기 → 당면 순으로 볶아 대접에 헤쳐 담기

④ 지단 0.2cm × 0.2cm × 4cm 채 썰고 → 준비한 재료와 당면 → 깨, 참기름넣고 → 버무려 담기 → 황·백지단 고명 올려 완성

[불고기양념]
간장·············· 1ts
설탕············ 1/2ts
다진파········· 1/2ts
다진마늘 ······ 1/2ts
후추············ 약간
깨소금········· 약간
참기름········· 1/2ts

[목이, 표고, 당면 밑간] 간장, 설탕, 참기름 동량으로 적절히 사용

실습후기

잡채

실습일 : 월 일

나의 레시피

요리사진

09 탕평채

조선의 제21대 국왕 영조는 탕평책으로 정치를 잘한 임금님으로 제22대 정조에 이르기까지 정책이 이어졌고, 영조의 의중이 담긴 탕평채 음식은 널리 알려지고 공평과 신뢰를 상징하는 음식이 되었다. 녹두로 묵을 만들고 가늘게 채썰어 고기, 숙주나물, 채소를 곁드린 무친 나물로 한식에서 사랑받고 있다.

[요구사항]

※ 주어진 재료를 사용하여 다음과 같이 탕평채를 만드시오.

1. 청포묵은 0.4cm × 0.4cm × 6cm로 썰어 데쳐서 사용하시오.
2. 모든 부재료의 길이는 4~5cm로 써시오.
3. 소고기, 미나리, 거두절미한 숙주는 각각 조리하여 청포묵과 함께 초간장으로 무쳐 담아내시오.
4. 황·백지단은 4cm 길이로 채 썰고, 김은 구워 부셔서 고명으로 얹으시오.

[지급재료]

재료	분량	재료	분량
청포묵	150g	대파(4cm)	1토막
소고기	20g	검은후춧가루	1g
숙주	20g	참기름	5ml
미나리	10g	흰설탕	5g
달걀	1개	깨소금	5g
김	1/4장	식초	5ml
진간장	20ml	소금	5g
마늘	2쪽	식용유	10ml

Tips

- 청포묵은 사이즈를 잘 맞춰 얇게 썬다.
- 초간장은 색과 간을 잘 맞춰 준비한 재료에 넣어 버무린다.
- 김은 젖지 않도록 잘 보관하고 마지막에 구워 부숴서 고명으로 한다.

[만드는 방법]

① 재료를 깨끗이 세척하여 접시에 담기
② 숙주는 거두절미
청포묵은 0.4cm × 0.4cm × 6cm 채
미나리 4cm
쇠고기 핏물제거
달걀 흰자, 노른자 분리
파, 마늘 다져 불고기 양념 만들기
③ 끓는 물에 숙주, 청포묵 데쳐 소금, 참기름 / 미나리 데쳐 식혀주기 /
팬에 황·백지단 부치기 → 쇠고기 볶기
④ 초간장 만들기
⑤ 볼에 숙주, 청포묵, 미나리, 쇠고기 넣고 → 초간장으로 버무리기 →
접시에 담고 → 김 구워 부숴 올리고 → 황·백지단 올리기

[불고기양념]
간장 ············· 1ts
설탕 ··········· 1/2ts
다진파 ········· 1/2ts
다진마늘 ······ 1/2ts
후추 ··········· 약간
깨소금 ········· 약간
참기름 ········· 1/2ts

[초간장]
간장 1 : 식초 1/2 : 설탕 1/2

실습후기

···
···
···
···
···
···
···
···
···
···
···
···

탕평채

실습일 :　　월　　일

나의 레시피

요리사진

10 칠절판

구절판에서 유래되었으며 밀전병을 얇게 부치고 채소, 고기, 해산물, 버섯류를 계절에 따라 재료를 달리하며 일상식이 아닌 경사가 있는 날 먹던 음식으로 색을 조화롭게 하는 화려한 음식이다. 겨자장이나 초간장을 곁드려 먹으며 목판이나 간편하게 접시에 모듬으로 담아내기도 한다.

[요구사항]

※ 주어진 재료를 사용하여 다음과 같이 칠절판을 만드시오.

1. 밀전병은 지름이 8cm가 되도록 6개를 만드시오.
2. 채소와 황·백지단, 소고기는 0.2cm × 0.2cm × 5cm로 써시오.
3. 석이버섯은 곱게 채를 써시오.

[지급재료]

재료	분량	재료	분량
소고기	50g	대파(4cm)	1토막
오이	1/2개	검은후춧가루	1g
당근	50g	참기름	10ml
달걀	1개	흰설탕	10g
석이버섯	5g	깨소금	5g
밀가루(중력분)	50g	식용유	30ml
진간장	20ml	소금	10g
마늘	2쪽		

Tips

- 황, 백지단 넓고 얇게 부쳐, 돌돌 말아 곱게 채 썰어야 예쁘다.
- 밀전병 반죽 농도에 주의하고, 일정한 크기로 동그랗고 얇게 부쳐야 한다.
- 재료를 돌려 담을 때, 양과 색을 조화롭고 일정하게 하여 담는다.

[만드는 방법]

① 재료를 깨끗이 세척하여 접시에 담기

② 석이는 따뜻한 물을 부어 불리기 / 오이 돌려깎기 → 0.2cm × 0.2cm × 5cm → 소금절이기 → 씻어 물기제거 / 당근 0.4cm × 0.4cm × 6cm 채 썰기 / 파 , 마늘 다져 불고기양념 / 쇠고기 채 썰어 핏물제거 → 불고기양념 / 석이 소금으로 씻어 불순물, 뿌리제거 → 곱게 채 썰기 → 소금, 참기름 / 황·백지단 분리 / 밀전병 반죽(밀가루 4 : 물 5+소금 1g) → 체에 내려주기

③ 팬에 황, 백지단 → 오이, 당근(소금), 석이, 쇠고기 순으로 볶기

④ 황·백지단 5cm길이로 썰어 돌돌 말아 채 썰고 → 접시에 색색이 돌려 담기

⑤ 밀전병 부치기 → 식으면 겹쳐서 가운데 담아 완성

[불고기양념]

간장 ············· 1ts
설탕 ··········· 1/2ts
다진파 ········· 1/2ts
다진마늘 ······ 1/2ts
후추 ··········· 약간
깨소금 ········· 약간
참기름 ········· 1/2ts

[초간장]

간장 1 : 식초 1/2 : 설탕 1/2

실습후기

칠절판

실습일 : 월 일

나의 레시피

요리사진

11 콩나물밥

콩나물은 궁중에서 임금님이 속이 불편할 때 불린 쌀과 함께 죽으로 끓여 수라상에 올렸다.

추운 겨울날에도 방안에서 길러 부족한 영양분을 섭취할 수 있도록 나물과 탕 그리고 꼬리만 제거하고 쇠고기와 함께 밥을 지어 양념장을 곁드린 별미밥이었다. 콩나물은 익기 전에 뚜껑을 열면 비린 맛이 난다. 그러므로 조리할 때 자주 열지 않도록 하는 것이 좋다.

[요구사항]

※ 주어진 재료를 사용하여 다음과 같이 콩나물밥을 만드시오.

1. 콩나물은 꼬리를 다듬고 소고기는 채 썰어 간장양념을 하시오.
2. 밥을 지어 전량 제출하시오.

[지급재료]

불린쌀	150g	마늘	1쪽
콩나물	60g	진간장	5ml
소고기	30g	참기름	5ml
대파(4cm)	1토막		

Tips

- 쇠고기는 채 썰어 핏물을 잘 빼고 미리 양념을 해야 밥에 색이 들지 않는다.
- 불조절과 물 양 시간을 잘 맞춰 밥이 눌러 붙지 않도록 해야 한다.
- 뜸을 잘 들여 밥이 잘 퍼지고 윤기가 나게 한다.

[만드는 방법]

① 재료를 깨끗이 세척하여 접시에 담기

② 콩나물 뿌리 정리하여 씻어 준비

쌀 씻어 물기 빼기

쇠고기 채 썰어 양념(연하게)

③ 냄비에 쌀 → 콩나물 → 쇠고기 → 물(0.8~1.0배) → 뚜껑 닫고 강불 → 끓으면 → 약불에서 7분 → 불 끄고 뜸들이기 → 골고루 보이게 담아 완성

[소고기양념]

간장············1/2ts

다진파············2g

다진마늘 ·········2g

참기름············2g

실습후기

···

···

···

···

···

···

···

···

···

···

···

···

···

···

···

···

···

콩나물밥

실습일 : 월 일

나의 레시피

요리사진

12 비빔밥

비빔밥은 볶은 고기, 나물류를 넣고 양념과 고명을 올려 섞어 비빈 밥을 말한다.

궁중에서는 밥을 양지머리로 끓인 육수를 넣고 고슬하게 밥을 짓고 나물류는 다른 그릇에 색감을 맞춰 담아냈다. 비빔밥은 여러 가지 영양소를 고르게 섭취 할 수 있는 특별한 음식으로 외국인들도 감탄하는 음식 중 하나이며 계절이나 식성에 따라 다양한 재료를 이용할 수 있다.

우리나라에는 대표적으로 콩나물을 넣은 전주비빔밥, 숙주나물을 넣은 진주비빔밥이 있고 육회를 올린 육회비빔밥, 뜨거운 돌그릇에 담아 고소한 맛이 나는 돌솥비빔밥이 유명하다.

[요구사항]

※ 주어진 재료를 사용하여 다음과 같이 비빔밥을 만드시오.

1. 채소, 소고기, 황·백지단의 크기는 0.3cm × 0.3cm × 5cm로 써시오.
2. 호박은 돌려깎기하여 0.3cm × 0.3cm × 5cm로 써시오.
3. 청포묵의 크기는 0.5cm × 0.5cm × 5cm로 써시오.

4. 소고기는 고추장 볶음과 고명에 사용하시오.
5. 담은 밥 위에 준비된 재료들을 색 맞추어 돌려 담으시오.
6. 볶은 고추장은 완성된 밥 위에 얹어내시오.

[지급재료]

불린쌀	150g	달걀	1개	진간장	15ml
애호박	60g	건다시마5×5cm	1장	흰설탕	15g
도라지	20g	고추장	40g	깨소금	5g
불린고사리	20g	식용유	30ml	검은후춧가루	1g
청포묵	40g	대파(4cm)	1토막	참기름	5ml
소고기	30g	마늘	2쪽	소금	10g

Tips

- 냄비 밥 지을 때 물 양, 불조절, 시간을 잘 지켜야 눌러 붙지 않고 윤기 나는 밥을 지을 수 있다.
- 재료는 일정하게 채 썰고 색은 선명하게 조리해야 한다.
- 다시마는 기름온도가 낮으면 부풀지 않고 높으면 탈 수 있다.
- 약고추장 농도는 흐르거나 딱딱하지 않게 부드러운 농도로 한다.

[만드는 방법]

① 재료를 깨끗이 세척하여 접시에 담기
② 냄비에 물을 끓이고 청포묵을 0.5cm × 0.5cm × 5cm → 묵이 투명해지면 건져 찬물로 헹궈 소금, 참기름 밑간
③ 냄비에 쌀을 넣고 물 1.2배 → 뚜껑 닫고 강불 → 끓으면 약불 → 7분 뒤 불 끄고 뜸들이기
④ 애호박, 도라지는 0.3cm × 0.3cm × 5cm 채 썰어 → 소금 절여 → 씻어 → 물기제거
⑤ 고사리는 5cm 길이로 썰기 ／ 쇠고기는 2/3는 0.2cm × 0.2cm × 5cm 채 썰기 ／ 1/3은 곱게 다져 약고추장용 준비
⑥ 파, 마늘 곱게 다져 양념 만들기
⑦ 고사리와 채 썬 쇠고기 양념 재우기
⑧ 황, 백지단 부치기 → 다시마 튀기기 → 도라지, 애호박 → 고사리 → 쇠고기 순으로 볶아 준비
⑨ 팬에 다진 쇠기기 볶다 → 고추장, 물, 설탕 넣고 볶다 → 농도 걸쭉해지면 참기름 약간
⑩ 대접에 밥을 담고 위에 준비한 재료 예쁘게 돌려 담기

[불고기양념(쇠고기, 고사리)]

간장 ············ 1T
설탕 ············ 1/2
다진파 ············ 1
다진마늘 ·········· 1
후추 ··········· 약간
깨소금 ········· 약간
참기름 ············ 1

[약고추장]

고추장 ·········· 1Ts
물 ·············· 1Ts
설탕 ·········· 1/2Ts
참기름 ·········· 1ts

실습후기

....
....
....
....
....
....
....
....
....

비빔밥

실습일 : 월 일

나의 레시피

요리사진

13 장국죽

시험시간 30분

죽은 전통음식 가운데 역사가 아주 오래된 주식의 음식이다. 옛 이야기에 "훌륭한 며느리는 20가지 넘는 죽을 끓일 줄 안다."라고 했다. 그만큼 다양한 죽이 일상에 활용되었고, 쌀의 크기에 따라 통으로 쑤는 옹근죽, 굵게 빻은 원미죽, 갈아서 만든 무리죽으로 명칭을 쓰기도 했다. 장국죽은 원미죽이라 할 수 있으며 간을 "맑은 간장으로 했다"하여 장국죽이라고 불리며, 장국죽에는 콩나물죽, 아욱죽, 애호박죽 등이 있다.

[요구사항]

※ 주어진 재료를 사용하여 다음과 같이 장국죽을 만드시오.

1. 불린 쌀을 반정도로 싸라기를 만들어 죽을 쑤시오.
2. 소고기는 다지고 불린 표고는 3cm의 길이로 채 써시오.

[지급재료]

불린쌀	100g	진간장	10ml
소고기	20g	깨소금	5g
불린표고	1개	검은후춧가루	1g
대파(4cm)	1토막	참기름	10ml
마늘	1쪽	국간장	10ml

Tips

- 불린 쌀은 빻은 정도에 주의한다.
- 죽은 쌀이 잘 퍼져야하고, 국간장으로 간할 때 색에 주의한다.

[만드는 방법]

① 재료를 깨끗이 세척하여 접시에 담기
② 쌀 씻어 체에 받쳐놓기
③ 파, 마늘다지기
④ 쇠고기 다지기, 표고 채 썰기하여 양념하기
⑤ 쌀은 싸라기정도 빻기
⑥ 냄비에 참기름을 두르고 약불에서 다진 쇠고기
→ 채 썬 표고버섯 → 쌀 넣고 살짝 볶기
→ 물 6배 넣고 강불 → 끓으면 약불(거품제거)
→ 중간 중간 저어주기 → 쌀이 잘 퍼지면 국간장 간하여 완성

[쇠고기양념]

간장············· 1ts
다진파········· 1/2ts
다진마늘 ······ 1/2ts
후추··········· 약간
깨소금········· 약간
참기름········· 1/2ts

실습후기

장국죽

실습일 : 월 일

나의 레시피

요리사진

14 완자탕

시험시간 30분

쇠고기를 곱게 다져 양념하고 두부는 물기를 꼭 짜서 고기와 섞고 완자를 둥글게 빚은 후 밀가루에 굴리고 다시 달걀물을 씌워 팬에서 굴려가며 익힌 완자에 육수를 넣고 끓여낸 탕으로 신선로열구자탕에 들어가는 완자와 동일하며 먹기 직전에 끓여내야 한다.

[요구사항]

※ 주어진 재료를 사용하여 다음과 같이 완자탕을 만드시오.

1. 완자는 지름 3cm로 6개를 만들고, 국물의 양은 200mL 이상 제출하시오.
2. 달걀은 지단과 완자용으로 사용하시오.
3. 고명으로 황·백지단(마름모꼴)을 각 2개씩 띄우시오.

[지급재료]

소고기(살코기)	50g	검은후춧가루	2g
소고기(사태)	20g	두부	15g
달걀	1개	키친타올(종이)	1장
대파(4cm)	1토막	국간장	5ml
밀가루(중력분)	10g	참기름	5ml
마늘	2쪽	깨소금	5g
식용유	20ml	흰설탕	5g
소금	10g		

Tips

- 쇠고기와 두부는 수분제거가 잘 되어야 단단한 완자를 만들 수 있다.
- 팬에 굴리는 요령에 주의한다.
- 황·백 지단은 약불에서 오래 익혀야 육수에 띄울 수 있다.
- 육수에 끓일 때 국물이 탁해지지 않도록 주의한다.

[만드는 방법]

① 재료를 깨끗이 세척하여 접시에 담기
② 육수고기는 물에 담가두기
③ 냄비에 물을 3c 부어주고 육수고기, 대파, 마늘 편 → 강불 끓으면 → 약불(10분) → 2c 정도 되면 면보에 거르기 → 국간장 1/2ts, 소금 1/2ts
④ 쇠고기, 두부 곱게 다져 각 핏물과 수분을 제거 → 양념하여 직경 3cm 크기로 완자 만들기(6개)
⑤ 황, 백지단 부치기(마름모 각 2개씩) → 완자 밀가루 굴려 → 달걀 물 입혀 → 팬에 굴리기
⑥ 육수를 냄비에 끓이고 → 약불에서 완자 넣기 → 살짝 끓여 완자 담고 국물담기 → 고명띄우기

[완자양념]
소금 ············· 1ts
설탕 ············· 1ts
다진파 ··········· 1ts
다진마늘 ········ 1ts
후추 ············· 약간
깨소금 ··········· 약간
참기름 ··········· 1ts

실습후기

....
....
....
....
....
....
....
....
....
....
....
....
....
....
....

완자탕

실습일 : 월 일

나의 레시피

요리사진

15 두부젓국찌개

시험시간 20분

새우젓을 넣은 찌개류를 젓국찌개라 하며 맛이 단백하고 시원한 감칠맛을 낸다. 굴이 들어간 굴젓국찌개, 도다리 생선을 넣은 도다리젓국찌개, 달달한 애호박을 넣은 애호박젓국찌개, 생선의 알류를 넣은 알탕젓국찌개, 두부와 굴을 주재료로 하고 새우젓국물로 간을 맞춘 두부젓국찌개 등이 있다.

[요구사항]

※ 주어진 재료를 사용하여 다음과 같이 두부젓국찌개를 만드시오.

1. 두부는 2cm × 3cm × 1cm로 써시오.
2. 홍고추는 0.5cm × 3cm, 실파는 3cm 길이로 써시오.
3. 소금과 다진 새우젓의 국물로 간하고, 국물을 맑게 만드시오.
4. 찌개의 국물은 200mL 이상 제출하시오.

[지급재료]

두부 100g
생굴 30g
실파 1뿌리
홍고추 1/2개
새우젓 10g
마늘 1쪽
참기름 5ml
소금 5g

Tips

- 생굴은 소금물에 잘 흔들어 씻어야 점액이 제거되어 비린내가 안 난다.
- 중불에서 오래 끓이지 않아야 맑은 국이 된다.

[만드는 방법]

① 재료를 깨끗이 세척하여 접시에 담기
② 두부 2cm×3cm×1cm 썰기
홍고추 3cm×0.5cm 썰기
실파 3cm 길이, 마늘다지기
새우젓 다져 면보에 짜서 국물내기
생굴 소금물에 살살 흔들어 씻어 준비
③ 냄비에 물 2c, 소금 2g, 두부를 넣고 끓이기 → 약불 생굴, 새우젓 1ts(거품제거) → 홍고추, 실파 → 참기름 1~2방울 → 불 끄고 담아내기

[완자양념]
소금 ·············· 1ts
설탕 ·············· 1ts
다진파 ············ 1ts
다진마늘 ········ 1ts
후추 ············ 약간
깨소금 ········· 약간
참기름 ··········· 1ts

실습후기

나의 레시피

요리사진

16 생선찌개

명태는 우리의 밥상에 다양한 음식으로 올라온다. 찌개, 전, 젓갈, 김치, 반찬으로 말린 북어나 황태는 바다와 거리가 먼 지역의 내륙사람들에게 꼭 필요한 단백질 식품의 역할을 했다. 생선찌개에 들어가는 동태는 명태를 얼린 생선으로 고추장과 무를 넣어 칼칼하고 시원한 맛을 내며 생선은 육수가 끓을 때 넣어야 탄력있고 부스러지지 않게 끓일 수 있다.

[요구사항]

※ 주어진 재료를 사용하여 다음과 같이 생선찌개를 만드시오.

1. 생선은 4~5cm의 토막으로 자르시오.
2. 무, 두부는 2.5cm × 3.5cm × 0.8cm로 써시오.
3. 호박은 0.5cm 반달형, 고추는 통 어슷썰기, 쑥갓과 파는 4cm로 써시오.
4. 고추장, 고춧가루를 사용하여 만드시오.
5. 각 재료는 익는 순서에 따라 조리하고, 생선살이 부서지지 않도록 하시오.
6. 생선머리를 포함하여 전량 제출하시오.

[지급재료]

동태 1마리
무 60g
애호박 30g
두부 60g
풋고추 1개
홍고추 1개
쑥갓 10g
마늘 2쪽
생강 10g
실파 2뿌리
고추장 30g
소금 10g
고춧가루 10g

Tips

- 동태손질은 신속하고 깔끔하게 할 수 있도록 해야 한다.
- 냄비에 끓이는 순서와 간하는 정도를 잘 맞춰야 한다.
- 강불로 오래 끓이거나 저으면 동태 살이 부서질 수 있다.

[만드는 방법]

① 재료를 깨끗이 세척하여 접시에 담기

② 쑥갓 물에 담가두기

무, 두부 3.5cm × 2.5cm × 0.8cm

애호박 0.5cm 반달썰기

실파, 쑥갓 4cm

청, 홍고추 0.5cm 어슷 썰어 씨 제거

마늘, 생강다지기

동태 비늘, 지느러미, 아가미, 내장제거하기

주둥이 자르기, 길이 5~6cm 토막 내기(고니, 알 사용)

③ 냄비에 물 3c, 고추장 1Ts, 고춧가루 1ts, 무 넣고 끓이기 →
동태 익으면 → 애호박, 다진마늘, 생강, 소금 1ts → 두부, 홍·청고추 →
실파 → 담기(건더기 : 국물 3 : 2) → 쑥갓

실습후기

생선찌개

실습일 :　　월　　일

나의 레시피

요리사진

17 두부조림

밭에서 나는 고기라 불리는 두부는 콩 가공식품으로 부족한 단백질을 보충하고 부드럽고 맛이 좋아 옛 밥상에도 국, 찌개, 조림, 반찬 등 다양한 조리로 올라갔으며 특히 두부조림은 두부를 노릇하게 구워 양념장에 다시 한 번 졸인 음식이다.

[요구사항]

※ 주어진 재료를 사용하여 다음과 같이 두부조림을 만드시오.

1. 두부는 0.8cm × 3cm × 4.5cm로 잘라 지져서 사용하시오.
2. 8쪽을 제출하고, 촉촉하게 보이도록 국물을 약간 끼얹어 내시오.
3. 실고추와 파채를 고명으로 얹으시오.

[지급재료]

두부······200g
대파(4cm)······1토막
실고추······1g
검은후춧가루······1g
참기름······5ml
소금······5ml
마늘······1쪽
식용유······30ml
진간장······15ml
깨소금······5g
흰설탕······5g

Tips

- 두부 썰기를 능숙하고 사이즈를 정확하게 할 수 있어야 한다.
- 부칠 때 수분제거를 잘해야 튀지 않고, 너무 오래 지져 내지 않는다.
- 담아낼 때 국물이 촉촉하게 있어야 한다.

[만드는 방법]

① 재료를 깨끗이 세척하여 접시에 담기

② 두부는 3cm × 4.5cm × 0.8cm 직사각 썰기 → 면보위에 올려 소금뿌리며 수분제거
대파 2cm 길이로 채 썰고 다지기, 마늘다지기
실고추 2cm 길이로 준비

③ 조림장 만들기

④ 팬에 기름 두르고 두부 노릇하게 지지기

⑤ 냄비에 두부와 양념장을 넣고 약불에서 조리기 → 국물 끼얹기 →
반쯤 조려지면 실파, 실고추 → 뚜껑 닫고 뜸들이기 → 담기

[조림장]

간장············ 1Ts
설탕·········· 1/2Ts
다진파·········· 1ts
다진마늘 ········ 1ts
후추··········· 약간
깨소금········· 약간
참기름·········· 1ts
물 ············· 1/4c

실습후기

두부조림

실습일 : 월 일

나의 레시피

요리사진

18 홍합초

초는 조림의 조리방식으로 녹말을 풀어 넣어 서로 맛이 어울려지도록 하는 조리법이었다.

전복, 해삼, 새우, 조갯살 등을 조림으로 하였으며 마른 해산물을 물에 불려 사용하기도 했고, 홍합초는 홍합살을 데친 후 마늘, 생강, 대파, 간장, 설탕, 후추 등을 넣어 중약불에 조림한 음식이다.

[요구사항]

※ 주어진 재료를 사용하여 다음과 같이 홍합초를 만드시오.

1. 마늘과 생강은 편으로, 파는 2cm로 써시오.
2. 홍합은 데쳐서 전량 사용하고, 촉촉하게 보이도록 국물을 끼얹어 제출하시오.
3. 잣가루를 고명으로 얹으시오.

[지급재료]

생홍합살 ··· 100g
대파(4cm) ··· 1토막
검은후춧가루 ··· 2g
참기름 ··· 5ml
마늘 ··· 2쪽
진간장 ··· 40ml
생강 ··· 15g
흰설탕 ··· 10g
잣 ··· 5개

Tips

- 맛 간장을 만들어 국물이 반 정도 조려진 후 데친 홍합을 넣어야 질기지 않다.
- 윤기가 나야하고, 국물을 촉촉하게 담아내야 한다.

[만드는 방법]

① 재료를 깨끗이 세척하여 접시에 담기
② 잣 다지기
대파 2cm 길이로 통썰기
마늘, 생강 0.3cm 두께로 편 썰기
홍합살 족사 제거 → 끓는 물에 살짝 데치기
③ 냄비에 간장 1Ts, 설탕 1/2Ts, 물 2Ts → 마늘 생강편 →
약불에서 조리기 → 국물이 반 정도 조려지면 → 데친 홍합 →
대파 윤기나면 → 참기름 1/2ts, 후추 약간 → 접시에 담고 국물 촉촉 →
잣가루

실습후기

홍합초

실습일 : 월 일

나의 레시피

요리사진

19 생선전

시험시간 20분

동태살을 3장 뜨기하여 포를 떠서 밀가루와 달걀을 씌워 부친 음식으로 어전은 민어, 도미, 광어 등 주로 흰 살 생선류를 전으로 사용하였고 제사상, 주안상, 잔치상에 올리던 음식이다.

[요구사항]

※ 주어진 재료를 사용하여 다음과 같이 생선전을 만드시오.

1. 생선은 세장 뜨기하여 껍질을 벗겨 포를 뜨시오.
2. 생선전은 0.5cm × 5cm × 4cm로 만드시오.
3. 달걀은 흰자, 노른자를 혼합하여 사용하시오.
4. 생선전은 8개 제출하시오.

[지급재료]

동태	1마리	소금	10g
밀가루(중력분)	30g	흰후춧가루	2g
달걀	1개	식용유	50ml

Tips

- 동태 손질은 위생적이고 능숙해야 한다.
- 포를 뜰 때 칼을 많이 뉘어 떠야 부드럽고 두껍지 않다.
- 달걀물 입혀 지져낼 때 갈색이 나지 않도록 주의한다.

[만드는 방법]

① 재료를 깨끗이 세척하여 접시에 담기

② 동태는 비늘, 지느러미, 머리, 내장을 제거 → 세장 뜨기 →
비늘 벗기기 → 생선 포 뜨기(5cm×6cm×0.5cm)
→ 소금, 백후추 밑간

③ 달걀은 혼합하여 풀고 소금 간
→ 생선살에 밀가루 달걀 순으로 입혀 팬에 약불로 지져내기

실습후기

생선전

실습일 : 월 일

나의 레시피

요리사진

20 육원전

시험시간 20분

쇠고기를 곱게 다져 양념하고 두부는 물기를 꼭 짜서 고기와 섞고 둥글게 돈전 모양으로 빚은 후 밀가루에 굴리고 다시 달걀물에 씌워 팬에서 노릇하게 지져낸 전류이다.

육전류에는 고기를 얇게 썰어 양념하여 밀가루, 달걀 순으로 지진 쇠고기육전 간이나 처녑 등으로 지져낸 전류도 있다.

[요구사항]

※ 주어진 재료를 사용하여 다음과 같이 육원전을 만드시오.

1. 육원전은 지름 4cm, 두께 0.7cm가 되도록 하시오.
2. 달걀은 흰자, 노른자를 혼합하여 사용하시오.
3. 육원전은 6개를 제출하시오.

[지급재료]

소고기	70g	참기름	5ml
두부	30g	소금	5g
밀가루(중력분)	20g	마늘	1쪽
달걀	1개	식용유	30ml
대파(4cm)	1토막	깨소금	5g
검은후춧가루	2g	흰설탕	5g

Tips

- 쇠고기와 두부를 양념할 때 잘 치대야 갈라지지 않는다.
- 동글납작하게 빚고 크기를 잘 맞춰야 한다.
- 갈색이 나지 않게 익혀 낸다.

[만드는 방법]

① 재료를 깨끗이 세척하여 접시에 담기
② 파, 마늘 곱게 다지기
두부는 칼 면으로 으깨어 면보로 물기 짜기
쇠고기 힘줄이나 막 제거하여 곱게 다져 핏물제거
달걀물에 흰자를 조금 덜어 내고 소금 간
③ 쇠고기와 두부에 양념하여 직경 4cm, 두께 0.7cm 크기로 동글납작 완자 만들기 → 밀가루 달걀 순으로 입혀 → 팬에 약불 에서 익혀내기(옆구리 굴리기)

[완자양념]
소금 ·············· 1ts
설탕 ·············· 1ts
다진파 ············ 1ts
다진마늘 ·········· 1ts
후추 ·············· 약간
깨소금 ············ 약간
참기름 ············ 1ts

실습후기

나의 레시피

요리사진

21 표고전

마른 표고버섯을 불려 주재료로 하고 다진쇠고기와 두부로 속을 채운 채소전으로 고급진 찬류이다. 표고버섯은 찜, 볶음, 산적, 신선로 등 다양한 요리에 사용되며 식감과 맛을 올려주는 역할을 한다.

[요구사항]

※ 주어진 재료를 사용하여 다음과 같이 표고전을 만드시오.

1. 표고버섯과 속은 각각 양념하여 사용하시오.
2. 표고전은 5개를 제출하시오.

[지급재료]

재료	분량	재료	분량
불린표고버섯	5개	참기름	5ml
소고기	30g	소금	5g
두부	15g	깨소금	5g
밀가루(중력분)	20g	마늘	1쪽
달걀	1개	식용유	20ml
대파(4cm)	1토막	진간장	5g
검은후춧가루	1g	흰설탕	5g

Tips

- 표고는 물기를 잘 제거하고 밑간해야 완자가 분리되지 않는다.
- 표고 안쪽에 완자 채울 때 볼록하게 담지 않도록 한다.
- 완자 안쪽까지 잘 익을 수 있도록 주의한다.

[만드는 방법]

① 재료를 깨끗이 세척하여 접시에 담기

② 표고는 기둥 제거 → 물기 짜고 간장, 설탕, 참기름으로 밑간
파, 마늘 곱게 다지기
두부, 칼 면으로 으깨어 면보로 물기 짜기
쇠고기 힘줄이나 막 제거하여 곱게 다져 핏물제거
달걀물에 흰자를 조금 덜어 내고 소금 간

③ 표고 안쪽에 밀가루 묻히고 → 완자 채우고 → 밀가루 →
달걀물 입혀 약불에서 지져내기

[완자양념]

소금 ·············· 1ts
설탕 ·············· 1ts
다진파 ············ 1ts
다진마늘 ·········· 1ts
후추 ·············· 약간
깨소금 ············ 약간
참기름 ············ 1ts

실습후기

표고전 실습일 : 월 일

나의 레시피

요리사진

22 풋고추전

시험시간 25분

전류는 육류, 어패류, 채소류로 분리되는데 풋고추전은 채소전으로 여름철 풋고추의 매운맛과 다진쇠고기 맛이 어울어진 별미전이라 할 수 있다.

너무 아린맛이 강한 풋고추는 소금에 살짝 절이거나 데친 후 조리하고 빨갛게 익은 홍고추도 단맛이 있어 함께 전으로 붙이기도 하였다.

[요구사항]

※ 주어진 재료를 사용하여 다음과 같이 풋고추전을 만드시오.

1. 풋고추는 5cm 길이로, 소를 넣어 지져 내시오.
2. 풋고추는 잘라 데쳐서 사용하며, 완성된 풋고추전은 8개를 제출하시오.

[지급재료]

재료	분량	재료	분량
풋고추	2개	참기름	5ml
소고기	30g	소금	5g
두부	15g	깨소금	5g
밀가루(중력분)	15g	마늘	1쪽
달걀	1개	식용유	20ml
대파(4cm)	1토막	흰설탕	5g
검은후춧가루	1g		

Tips

- 고추는 살짝 데쳐 찬물에 잘 식혀야 색이 예쁘다.
- 완자 채워 지져낼 때 고추색이 죽지 않도록 한다.
- 달걀이 갈색나지 않도록 한다.

[만드는 방법]

① 재료를 깨끗이 세척하여 접시에 담기

② 고추는 반을 갈라 씨 제거 → 5cm 길이로 자르기 → 끓는물(소금)에 살짝 데치기 → 찬물에 식히기
파, 마늘 곱게 다지기
두부 칼 면으로 으깨어 면보로 물기 짜기
쇠고기 힘줄이나 막 제거하여 곱게 다져 핏물제거
달걀물에 흰자를 조금 덜어 내고 소금 간

③ 풋고추 안쪽에 밀가루 묻히고 → 완자 채우고 → 밀가루 → 달걀물 입혀 약불에서 지져내기

[완자양념]

소금 ·············· 1ts
설탕 ·············· 1ts
다진파 ·········· 1ts
다진마늘 ········ 1ts
후추 ··········· 약간
깨소금 ········· 약간
참기름 ·········· 1ts

실습후기

풋고추전 실습일 : 월 일

나의 레시피

요리사진

23 섭산적

시험시간 25분

섭산적은 다진쇠고기를 양념하고 여기에 두부를 으깬 후 섞어 충분히 무쳐주고 둥글게 빚어 다시 납작하게 모양을 만든 후에 구워낸 산적으로 먹기 좋게 썰어 쟁첩에 담아내던 궁중의 음식으로 먹는 사람을 배려하여 만든 귀한 음식이라 할 수 있다.

[요구사항]

※ 주어진 재료를 사용하여 다음과 같이 섭산적을 만드시오.

1. 고기와 두부의 비율을 3:1 로 하시오.
2. 다져서 양념한 소고기는 크게 반대기를 지어 석쇠에 구우시오.
3. 완성된 섭산적은 0.7cm × 2cm × 2cm로 9개 이상 제출하시오.
4. 잣가루를 고명으로 얹으시오.

[지급재료]

소고기	80g	깨소금	5g
두부	30g	참기름	5ml
대파(4cm)	1토막	검은후춧가루	2g
마늘	1쪽	잣	10개
소금	5g	식용유	10ml
흰설탕	10g		

Tips

- 쇠고기 두부는 수분제거를 잘하고 잘 치대야 반대기 만들 때 갈라지지 않는다.
- 석쇠에 구울 때 부서지지 않게 조심해서 구워야 한다.
- 9개 모두 일정한 크기로 반듯하게 잘라야 한다.

[만드는 방법]

① 재료를 깨끗이 세척하여 접시에 담기

② 파, 마늘 곱게 다지기

두부 칼 면으로 으깨어 면보로 물기 짜기

쇠고기 힘줄이나 막 제거하여 곱게 다져 핏물제거

③ 쇠고기 : 두부(3 : 1) 비율로 양념 → 반대기 빚어(사방 8cm, 두께 0.7cm) → 윗면에 칼집내기 → 석쇠 기름칠하여 예열 → 섭산적 올려 앞뒤로 굽기(갈색) → 식혀 사방 2cm 크기로 썰어 → 잣가루

[완자양념]

소금 ·············· 1ts
설탕 ·············· 1ts
다진파 ··········· 1ts
다진마늘 ········ 1ts
후추 ············ 약간
깨소금 ········· 약간
참기름 ··········· 1ts

실습후기

섭산적 실습일 : 월 일

나의 레시피

요리사진

24 화양적

옛 이름은 화양누르미 꼬챙이에 도라지, 쇠고기, 움파 등을 꿰어 굽거나 지져낸 음식을 화양누르미라 하였고, 채소, 육류, 어류, 어패류 등을 색스럽게 꿰어 만든음식은 잡누르미라 하였는데, 주로 궁중에서 주안상에 오르던 음식이었다.

[요구사항]

※ 주어진 재료를 사용하여 다음과 같이 화양적을 만드시오.

1. 화양적은 0.6cm × 6cm × 6cm로 만드시오.
2. 달걀노른자로 지단을 만들어 사용하시오.
   (단, 달걀흰자 지단을 사용하는 경우 실격으로 처리됩니다.)
3. 화양적은 2꼬치를 만들고 잣가루를 고명으로 얹으시오.

[지급재료]

재료	양	재료	양
소고기	50g	대파(흰부분)	1토막
불린표고버섯	1개	마늘	1쪽
당근	50g	소금	5g
오이	1/2개	흰설탕	5g
통도라지	1개	깨소금	5g
달걀	2개	참기름	5ml
잣	10개	검은후춧가루	2g
산적꼬치(8~9)	2개	식용유	30ml
진간장	5ml		

Tips

- 재료 크기를 잘 맞춰 썰어 조리하고 색도 선명하게 나올 수 있도록 한다.
- 황 지단은 노른자를 팬에 직사각으로 펴주고 반만 살짝 익혀 접어야 잘 붙는다 .
- 꼬치에 끼울 때 색 조합을 잘 맞춰 꽂아야 한다.

[만드는 방법]

① 재료를 깨끗이 세척하여 접시에 담기
② 잣 다지기
도라지 0.6cm × 1cm × 6cm → 소금물 절이기
오이 0.6cm × 1cm × 6cm → 소금물 절이기
당근 0.6cm × 1cm × 6cm
표고 기둥 제거 하고 포 떠 0.6cm × 1cm × 6cm
쇠고기연육 0.5cm × 1.2cm × 7cm
파 마늘 다지기
③ 표고 간장 설탕 참기름 밑간 / 쇠고기 불고기양념에 밑간 / 도라지 당근 끓는 물에 살짝 데쳐 식히기 / 달걀 분리하여 노른자 풀어 소금 간
④ 팬에 노른자 덜 익었을 때 반 접어 붙이기 →
도라지, 오이, 당근, 표고, 쇠고기 순으로 볶기
⑤ 노른자 식으면 0.6cm × 1cm × 6cm 썰기
/ 준비된 재료를 색색이 조화롭게 꼬치에 끼우기
⑥ 잣가루 한 줄로 뿌려 완성

[불고기양념]
간장 ·············· 1ts
설탕 ············ 1/2ts
다진파 ········· 1/2ts
다진마늘 ······ 1/2ts
후추 ············ 약간
깨소금 ········· 약간
참기름 ········· 1/2ts

실습후기

....
....
....
....
....
....
....
....
....
....

화양적

실습일 : 월 일

나의 레시피

요리사진

25 지짐누름적

시험시간 35분

적炙종류는 대꼬챙이에 꿰어 숯불에 굽거나 번철에 지진 음식을 말하는데 지짐누름적은 밀가루, 달걀 순으로 옷을 입혀 팬에 지져낸 음식으로 미리손질하고 익혀 꼬치에 꿰어야 속이 적당하게 익을 수 있다. 궁중의 연회음식이나 주안상에 곁드려 내던 음식으로 여러 –재료를 맛볼 수 있는 잡누르미가 변화하여 지짐누름적이 되었다.

[요구사항]

※ 주어진 재료를 사용하여 다음과 같이 지짐누름적을 만드시오.

1. 각 재료는 0.6cm × 1cm × 6cm로 하시오.
2. 누름적의 수량은 2개를 제출하고, 꼬치는 빼서 제출하시오.

[지급재료]

소고기	50g	식용유	30ml
불린표고버섯	1개	소금	5g
당근	50g	진간장	10ml
쪽파	2뿌리	흰설탕	5g
통도라지	1개	대파(4cm)	1토막
밀가루(중력분)	20g	마늘	1쪽
달걀	1개	검은후춧가루	2g
참기름	5g	깨소금	5g
산적꼬치(8~9cm)	2개		

Tips

- 재료 크기를 일정하게 하여 꼬치에 색 조합을 잘하여 끼운다.
- 달걀물이 앞면은 가볍게 뒷면은 잘 묻어야 꼬치를 뺄 때 갈라지지 않는다.

[만드는 방법]

① 재료를 깨끗이 세척하여 접시에 담기
② 도라지 0.6cm × 1cm × 6cm → 소금물 절이기
실파 0.6cm × 1cm × 6cm → 깨, 참기름 밑간
당근 0.6cm × 1cm × 6cm
표고 기둥제거 후 포 떠 0.6cm × 1cm × 6cm
쇠고기연육 0.5cm × 1.2cm × 7cm
③ 표고, 간장, 설탕, 참기름 밑간
파, 마늘 다져 불고기양념 만들어 쇠고기 밑간
도라지 당근 끓는 물에 살짝 데쳐 식히기
달걀 분리하여 노른자 위주로 섞어 소금 간
④ 재료 꼬치에 색색이 끼우고 밀가루 → 달걀물 →
팬에 약불에서 지져내기(재료 서로 떨어지지 않게 달걀물 입히기) →
꼬치 빼서 제출

[불고기양념]
간장 ··· 1ts
설탕 ··· 1/2ts
다진파 ··· 1/2ts
다진마늘 ··· 1/2ts
후추 ··· 약간
깨소금 ··· 약간
참기름 ··· 1/2ts

실습후기

지짐누름적　　　　실습일 :　　　월　　일

나의 레시피

요리사진

26 너비아니구이

시험시간 25분

육류구이의 대표적인 음식이며 옛 문헌에는 설야멱이라 했으며 석쇠나 철판이 발달되면서 고기를 얇게 저며 양념하여 굽는 음식으로 궁중에서 너비아니라 불리게 되었다.

고기를 부드럽게 먹기 위해 여러 각도에서 칼집을 넣어 고기에 양념이 잘 스며들고 육질을 부드럽게 한 후 굽는다.

[요구사항]

※ 주어진 재료를 사용하여 다음과 같이 너비아니구이를 만드시오.

1. 완성된 너비아니는 0.5cm × 4cm × 5cm로 하시오.
2. 석쇠를 사용하여 굽고, 6쪽 제출하시오.
3. 잣가루를 고명으로 얹으시오.

[지급재료]

소고기	100g	깨소금	5g
진간장	50g	참기름	10ml
대파(4cm)	1토막	배	1/8개
마늘	2쪽	식용유	10ml
검은후춧가루	2g,	잣	5개
흰설탕	10g		

Tips

- 고기 연육 할 때 힘줄부분에 칼집을 잘 줘야 모양이 틀어지지 않고 부드럽다.
- 양념에 10분 이상 재워 둬야 색이 들어 윤기 나는 갈색이 난다.

[만드는 방법]

① 재료를 깨끗이 세척하여 접시에 담기
② 잣다지기, 파 마늘다지기
배 갈아서 즙내기
불고기양념 만들기
③ 쇠고기는 편 썰어 5cm × 6cm × 0.5cm 연육 → 설탕, 배즙 밑간 → 불고기양념 재우기(10분 정도)
④ 석쇠 기름 발라 예열 → 쇠고기 올려 타지 않게 앞뒤로 굽기
⑤ 접시에 담고 잣가루 고명

[불고기양념]
간장 ············ 1Ts
설탕 ·········· 1/2Ts
다진파 ··········· 1ts
다진마늘 ········ 1ts
후추 ············ 약간
깨소금 ········· 약간
참기름 ··········· 1ts

실습후기

너비아니구이 실습일 : 월 일

나의 레시피

요리사진

27 제육구이

육류의 구이류는 초기 양념이 간장, 된장, 소금을 기본으로 맛을 내다가 조선 중기 이후 고추장을 양념으로 사용하게 되면서 돼지고기에 어울리는 고추장 양념구이가 나왔으리라 생각된다. 육질이 단단하고 기름기가 적은 부위의 구이용으로 고추장 양념이 잘 어울린다. 숯불에 구울 때는 불을 약하게 하여 속까지 고르게 익도록 굽는다.

[요구사항]

※ 주어진 재료를 사용하여 다음과 같이 제육구이를 만드시오.

1. 완성된 제육은 0.4cm × 4cm × 5cm로 하시오.
2. 고추장 양념하여 석쇠에 구우시오.
3. 제육구이는 전량 제출하시오.

[지급재료]

돼지고기	150g	흰설탕	15g
고추장	40g	깨소금	5g
진간장	10ml	참기름	5ml
대파(4cm)	1토막	생강	10g
마늘	1쪽	식용유	10ml
검은후춧가루	2g		

Tips

- 고기 연육은 결이 보이지 않을 만큼 두둥겨 줘야 부드럽다.
- 고추장양념에 10분 이상 재워 둬야 색과 간이 잘 든다.

[만드는 방법]

① 재료를 깨끗이 세척하여 접시에 담기
② 돼지고기 5cm × 6cm × 0.5cm 연육하여 핏물제거
파, 마늘 다지기
③ 구이양념 만들어 돼지고기에 바르고 10분 정도 재우기
④ 석쇠 기름 발라 예열하여 제육을 올려 앞뒤로 타지 않게 굽기
⑤ 구이색이 적붉은 색으로 윤기가 나면 접시에 담아 완성

[구이양념]
고추장·········· 1Ts
설탕············· 1ts
다진파··········· 1ts
다진마늘 ········ 1ts
참기름·········· 1/ts
간장··········· 1/2ts
후추··········· 약간
깨소금········· 약간
물 ········· 1Ts 정도

실습후기

제육구이

실습일 : 　　월 　　일

나의 레시피

요리사진

28 북어구이

시험시간 25분

내륙지방에서는 생선이 귀하여 제사상이나 잔치상에 마른북어를 사용하였는데 물에 불려 구이, 찜, 전 등을 요리하였고, 궁중에서도 구이는 간장 양념 또는 고추장 양념으로 하여 석쇠나 철판에 구워 쟁첩에 담아 수라상에 올리기도 하였다.

[요구사항]

※ 주어진 재료를 사용하여 다음과 같이 북어구이를 만드시오.

1. 구워진 북어의 길이는 5cm로 하시오.
2. 유장으로 초벌구이 하고, 고추장 양념으로 석쇠에 구우시오.
3. 완성품은 3개를 제출하시오.
   (단, 세로로 잘라 3/6토막 제출할 경우 수량부족으로 실격 처리됩니다.)

[지급재료]

북어포(반갈라 말린 껍질이 있는 것)	1마리		
진간장	20ml	깨소금	5g
대파(4cm)	1토막	참기름	15ml
마늘	2쪽	검은후춧가루	2g
고추장	40g	식용유	10ml
흰설탕	10g		

Tips

- 북어는 불려 물기를 잘 짜야 포슬포슬한 구이가 된다.
- 껍질칼집은 얕고 길게 내고 가장자리 부분도 잔 칼집을 내야 울지 않는다.
- 고추장은 윤기 날 때까지 구워주고 타지 않도록 불조절에 주의해야 한다.

[만드는 방법]

① 재료를 깨끗이 세척하여 접시에 담기
② 북어는 물에 충분히 적셔 불려 두기
　파, 마늘 곱게 다지기
③ 북어가 불면 물기를 꽉 짜고 머리, 지느러미 제거
④ 3등분하여 껍질에 칼집내기 → 살 쪽 두둥겨 주기 →
　유장(참기름 3 : 간장 1) 바르기
⑤ 구이양념 만들기
⑥ 석쇠 기름칠하고 예열하기 → 북어 애벌굽기 → 양념 발라 굽기
⑦ 머리, 몸통, 꼬리 순으로 왼쪽부터 겹쳐 담아내기

[구이양념]
고추장·········· 1Ts
설탕·············· 1ts
다진파··········· 1ts
다진마늘 ········ 1ts
참기름·········· 1/ts
간장············1/2ts
후추··········· 약간
깨소금········· 약간
물 ········· 1Ts 정도

실습후기

북어구이

실습일 : 월 일

나의 레시피

요리사진

29 더덕구이

더덕은 3년 이상 자란 것으로 껍질을 제거하고 방망이로 두들겨 소금간을 했다가 참기름과 간장으로 밑간한 후 초벌구이를 하고 양념장을 바르고 석쇠나 철판에 살짝만 구워 더덕의 식감과 향을 살린 음식으로 식욕을 돋구는 찬이나 주안상 안주로 사용되었다.

[요구사항]

※ 주어진 재료를 사용하여 다음과 같이 더덕구이를 만드시오.

1. 더덕은 껍질을 벗겨 사용하시오.
2. 유장으로 초벌구이 하고, 고추장 양념으로 석쇠에 구우시오.
3. 완성품은 전량 제출하시오.

[지급재료]

통더덕	3개	흰설탕	5g
진간장	10ml	깨소금	5g
대파(4cm)	1토막	참기름	10ml
마늘	1쪽	소금	10g
고추장	30g	식용유	10ml

Tips

- 더덕껍질을 돌려 깎아 벗겨야 진액이 덜나오고 보푸라기가 안 생긴다.
- 소금에 잘 절여야 두둥길 때 부서지지 않는다.
- 양념할 때 후추 넣지 않도록 주의한다.
- 고추장 양념은 윤기가 나고 타지 않게 구워내야 한다.

[만드는 방법]

① 재료를 깨끗이 세척하여 접시에 담기

② 껍질제거 → 길이 맞춰 편 썰기 → 소금물에 절이기

③ 파, 마늘 다지기 → 구이양념 만들기

④ 더덕이 절여지면 씻어 면보 깔고 두들겨 주기 → (유장 참기름 3 : 간장 1) 바르기

⑤ 더덕 석쇠에 애벌구이 → 양념 앞뒤로 발라 재워두기 → 양념구이 하여 완성

[구이양념]

고추장 ·········· 1Ts

설탕 ············· 1ts

다진파 ··········· 1ts

다진마늘 ········ 1ts

참기름 ·········· 1/ts

간장 ············ 1/2ts

깨소금 ········· 약간

물 ········· 1Ts 정도

실습후기

더덕구이 실습일 : 월 일

나의 레시피

요리사진

30 생선양념구이

시험시간 20분

조기는 반건조한 생선으로 귀한 식재료로 제사상에 올리거나 반상에 올리는 음식으로 찜을 하거나 참기름만 발라 굽기도 하고 고추장 양념을 발라 약불에 구워 맛을 내기도 한다.

[요구사항]

※ 주어진 재료를 사용하여 다음과 같이 생선양념구이를 만드시오.

1. 생선은 머리와 꼬리를 포함하여 통째로 사용하고 내장은 아가미쪽으로 제거하시오.
2. 칼집 넣은 생선은 유장으로 초벌구이하고, 고추장양념으로 석쇠에 구우시오.
3. 생선구이는 머리 왼쪽, 배 앞쪽 방향으로 담아내시오.

[지급재료]

조기	1마리	깨소금	5g
진간장	20ml	참기름	5ml
대파(4cm)	1토막	소금	20g
마늘	1쪽	검은후춧가루	2g
고추장	40g	식용유	10ml
흰설탕	5g		

Tips

- 생선 아가미 쪽으로 내장을 제거한다.
- 칼집은 너무 깊지 않게 낸다.
- 애벌구울 때 80% 이상 익혀 양념구이 한다.
- 양념은 앞 뒷면 순차적으로 발라 굽는다.

[만드는 방법]

① 재료를 깨끗이 세척하여 접시에 담기
② 생선은 비늘, 아가미, 내장제거하기 → 살 쪽에 칼집 내어 소금절이기
③ 파, 마늘 다지기 → 구이양념 만들기
④ 생선 절여지면 → 소금 씻어 물기제거 → 유장(참기름 3 : 간장 1) 바르기
⑤ 석쇠에 기름 발라 예열 → 생선 애벌구이 → 양념구이 →
고추장 윤기나면 머리 왼쪽, 꼬리 오른쪽, 배는 앞쪽으로 접시에 담기

[구이양념]

고추장·········· 1Ts
설탕············· 1ts
다진파··········· 1ts
다진마늘 ········ 1ts
참기름·········· 1/ts
간장··········· 1/2ts
후추··········· 약간
깨소금········· 약간
물 ········· 1Ts 정도

실습후기

....
....
....
....
....
....
....
....
....
....
....
....
....
....
....

생선양념구이

실습일 : 월 일

나의 레시피

요리사진

31 오징어볶음

시험시간 20분

오징어의 옛 이름은 오중어, 오증어라 불리기도 했고 《자산어보》에서는 까마귀를 잡아 먹는 고기라 하여 오적이라 불리기도 했다. 타우린 성분이 풍부하며 살이 연하여 회, 구이, 볶음, 탕류로 활용되었으며, 볶음은 채소류와 함께 고추장 양념에 볶은 음식으로 짧은 시간 조리를 하는 것이 부드러운 맛을 내는 방법이다.

[요구사항]

※ 주어진 재료를 사용하여 다음과 같이 오징어 볶음을 만드시오.

1. 오징어는 0.3cm 폭으로 어슷하게 칼집을 넣고, 크기는 4cm × 1.5cm 로 써시오.
   (단, 오징어 다리는 4cm 길이로 자른다.)
2. 고추, 파는 어슷썰기, 양파는 폭 1cm로 써시오.

[지급재료]

물오징어	1마리	양파	1/3개
소금	5g	마늘	2쪽
진간장	10ml	대파(4cm)	1토막
흰설탕	20g	생강	5g
참기름	10ml	고춧가루	15g
깨소금	5	고추장	50g
풋고추	1개	검은후춧가루	2g
홍고추	1개	식용유	30ml

Tips

- 오징어껍질은 소금이나 마른 면보를 이용해 벗긴다.
- 내장안쪽에 대각선으로 일정한 간격, 일정한 두께와 깊이로 칼집을 내야 한다.
- 가로로 썰어야 모양이 말리지 않고 길이대로 나온다.
- 볶음 할 때 타거나 물기가 생기지 않도록 불 조절을 능숙하게 해야 한다.

[만드는 방법]

① 재료를 깨끗이 세척하여 접시에 담기

② 양파 4cm × 1cm
대파, 청·홍고추 0.5cm 어슷썰기
파, 마늘, 생강 다져 볶음양념 만들기

③ 오징어는 내장, 눈, 입을 제거하고 → 껍질 벗겨내기 → 안쪽에 대각선으로 0.3cm 간격, 어슷하게, 깊이는 두께의 반 정도 칼집내기 → 가로 4cm × 세로 1.8cm 크기로 썰기

④ 팬에 기름 → 양파 → 오징어 익으면 → 홍, 청, 대파 순으로 볶다 → 양념 → 약불에서 물기 없이 볶아주기

⑤ 오징어 칼집이 잘 보이도록 담아내기

[볶음양념]

고추장 ·········· 1Ts
고춧가루 ········ 1ts
설탕 ·············· 1ts
다진파 ··········· 1ts
다진마늘 ········ 1ts
참기름 ·········· 1/ts
간장 ··········· 1/2ts
생강 ··············· 2g
후추 ··········· 약간
깨소금 ········· 약간

실습후기

오징어볶음 실습일 : 월 일

나의 레시피

요리사진

32 오이소박이 (2024년 예상문제)

[요구사항]

※ 주어진 재료를 사용하여 오이 소박이를 만드시오

1. 소박이 완성품의 길이는 6cm정도로 하시오.
   (단 지급된 재료의 크기에 따라 가감한다)
2. 소를 만들 때 부추의 길이는 0.5cm로 하시오.
3. 오이 소박이는 3개 제출하시오.

[지급재료]

오이	1개	생강	5g
부추	20g	소금	15g
대파	4cm	고춧가루	10g
마늘	1쪽	부추	

Tips

- 오이 길이가 일정하도록 썬다.
- 칼집낼 때 삐뚤어지지 않도록 주의한다.
- 소금절일 때는 오이가 2/3 정도 잠기게 물을 넣어 준다.
- 오이 칼집이 눌러 봤을 때 0.3cm 정도 벌어져야 잘 절여진 상태로 양념 넣기 편하다.
- 양념은 너무 되직하지 않도록 하고 부추는 마지막에 넣고 버무려야 숨이 죽지 않는다.

[만드는 방법]

① 재료를 깨끗이 세척하여 접시에 담기
② 오이는 소금으로 비벼 씻어 가시제거 → 양끝 1cm 남기고 + 칼집내기
물 1컵에 소금 1큰술을 녹여 오이절이기
③ 부추는 0.5cm 송송 썰고, 대파, 마늘은 곱게 다지기
④ 김치양념을 분량대로 만들고 마지막에 부추 섞어주기
⑤ 오이가 절여지면 잘 씻어 김치양념을 칼집 속에 채우고 겉면도 양념을 발라 접시에 담기
⑥ 양념했던 그릇에 물 3큰술, 소금 1g을 넣고 국물을 만들어 소박이 위에 촉촉하게 뿌리기

[양념]
고춧가루 ·····1큰술
소금···············2g
다진 마늘 ······ 1톨
다진 파···· 1작은술
다진 생강 ···········
···········1/2작은술

실습후기

오이소박이

실습일 : 월 일

나의 레시피

요리사진

33 배추김치(보쌈김치) (2024년 예상문제)

시험시간 20분

[요구사항]

※ 주어진 재료를 사용하여 보쌈김치를 만드시오.

1. 무 배추는 나박썰기(3cm × 3cm × 0.3cm), 배, 밤은 편 썰기, 미나리, 갓, 파, 낙지는 길이(3cm 정도)로 썰고, 굴, 마늘채, 생강채와 함께 김치 속으로 사용하시오.
2. 보쌈김치(지름 12cm, 높이 4cm 정도)는 재료를 쌌던 배춧잎의 끝을 바깥쪽으로 모양 있게 접어 넣어 내용물이 보이도록 하여 제출하시오.
3. 석이, 대추, 잣은 고명으로 사용하시오.
4. 보쌈김치가 절반 정도 잠기도록 국물을 만들어 부으시오.

[지급재료]

절인배추	1/6포기	대추(마른 것)	1개
배	1/10개	석이버섯(마른 것)	5g
깐밤	1개	잣	5개
실파	1뿌리	낙지다리	50g
마늘	2쪽	고춧가루	20g
갓	20g	소금	5g
미나리	30g	새우젓	20g

Tips

- 배추잎이 잘 절여 져야 끝에 말아주기가 좋다.
- 김치양념은 미리만들어 놔야 고춧가루가 잘 불어 색이 예쁘게 버무려 진다.
- 양념이 너무 흐리거나 진하지 않도록 한다.
- 담을 때 보시기 안에 들어가는 재료가 골고루 보이게 담아야 한다.
- 국물이 살짝 기울였을 때 촉촉하게 있어야 한다.

[만드는 방법]

[양념]
고춧가루 ·····1큰술
소금···············2g
다진마늘 ······· 1톨
다진파····· 1작은술
다진생강 1/2작은술

① 재료를 깨끗이 세척하여 접시에 담기
② 물 끓여 석이 불리기
소금물 만들어 배추 밑둥과 무 사방 3cm 나박썰기하여 절이기
밤, 배 편썰어 설탕물에 담그기
실파, 갓, 미나리 3cm 길이 자르기, 마늘, 생강 채 썰기
낙지 소금물로 씻어 3cm, 굴 소금물로 씻기
대추 돌려 깎아 채썰기
석이 손질하여 채썰기, 통잣(고명 준비)
③ 새우젓 짜서 국물내기→ 김치양념 만들기
④ 소금에 절인재료 씻어 물기빼기, 밤, 배 물기빼기
⑤ 대접에 무, 배추, 밤, 배넣고 양념에 버무리고 → 실파, 갓, 미나리 → 굴, 낙지순으로 버무림
⑥ 완성그릇에 배추연한 잎 부분을 걸어 → 양념한 김치를 꼭꼭 눌러 골고루 보이게 담기 → 배추잎 밖으로 돌돌 말아 속보이게 담기 → 대추, 석이, 잣 고명 올리기 → 버무린 그릇에 물 1/2c, 소금 2g 넣고 가장자리 배추 위에 뿌려 국물이 촉촉한 김치를 완성

실습후기

배추김치(보쌈김치) 실습일 : 월 일

나의 레시피

요리사진

한식조리기능사 시험안내

1. 한식조리기능사 자격증 취득과정

1. 필기원서접수

- 접수기간에 인터넷이나 어플을 이용하여 원서접수(사진등록필수)
- 한국산업인력공단 홈페이지 : http//q-net.or.kr
- PC로 가입 후 어플 q-net넷 다운받아 핸드폰으로 접수가능
- 시험 접수일은 공개되므로 날짜에 맞춰 접수한다.

2. 필기시험

- 준비물 : 신분증, 수검표, 계산기, 필기도구
- 시험과목 : 위생관리, 안전관리, 재료관리, 구매관리, 기초조리실무
- 총 60문항 / 시험시간 60분
- 100점 중 60점(36문항) 이상 합격
- CBT시험은 제출즉시 합격여부 발표

3. 실기시험 접수

- 시험접수 기간 내 원하는 지역, 장소, 시간을 선택하여 접수한다.
- 시험 접수는 일찍 마감되어 접수가 안 될 수 있으니 신속하게 접수할 수 있도록 한다.

4. 실기시험

- 준비물 : 신분증, 수검표, 실기조리도구 및 가운세트
- 시험문항 : 한식품목 31가지 중 2가지 출제 (품목은 무작위)
- 100점 중 60점 이상 합격
- 한 품목당 과정 30 / 완성도 15 / 위생 및 복장 5
- 두 품목제출이므로 과정 60 / 완성도 30 / 위생 및 복장 10

5. 실기시험합격

정해진 발표일에 http//q-net.or.kr에서 합격여부 확인

6. 자격증 교부

- http//q-net.or.kr 접속하여 자격증 발급신청 (수수료 있음)
- 합격 후 60일 이내로 발급권고
- 상장형 자격증 : 수험자가 직접 인터넷을 통해 발급·출력
- 수첩형 자격증 : 인터넷 신청 후 우편배송만 가능

※ 방문 발급 및 인터넷 신청 후 방문 수령 불가

2. 실기시험 준비물

번호	재료명	규격	단위	수량	비고
1	가위	-	EA	1	
2	강판	-	EA	1	
3	계량스푼	-	EA	1	
4	계량컵	-	EA	1	
5	국대접	기타 유사품 포함	EA	1	
6	국자	-	EA	1	
7	냄비	-	EA	1	
8	도마	흰색 또는 나무 도마	EA	1	

번호	재료명	규격	단위	수량	비고
9	뒤집개	–	EA	1	
10	랩	–	EA	1	
11	마스크	–	EA	1	위생복장(위생복, 위생모, 앞치마, 마스크)을 착용하지 않을 경우 채점대상에서 제외(실격)됩니다.
12	면보/행주	흰색	장	1	
13	밀대	–	EA	1	
14	밥공기	–	EA	1	
15	볼	–	EA	1	
16	비닐팩	위생백, 비닐봉지 등 유사품 포함	EA	1	
17	상비 의약품	손가락 골무, 밴드	EA	1	
18	석쇠	–	EA	1	
19	쇠조리(혹은 채)	–	EA	1	
20	숟가락	차 스푼 등 유사품 포함	EA	1	
21	앞치마	흰색(남, 녀공용)	EA	1	위생복장(위생복, 위생모, 앞치마, 마스크)을 착용하지 않을 경우 채점대상에서 제외(실격)됩니다.
22	위생모	흰색	EA	1	
23	위생복	상의 : 흰색/긴소매 하의 : 긴바지(색상무관)	벌	1	
24	위생타올	키친타올, 휴지, 유사품 포함	장	1	
25	이쑤시개	산적꼬치 등 유사품 포함	EA	1	
26	접시	양념접시 등 유사품 포함	EA	1	
27	젓가락	–	EA	1	
28	종이컵	–	EA	1	
29	종지	–	EA	1	
30	주걱	–	EA	1	
31	집게	–	EA	1	
32	칼	조리용 칼, 칼집 포함	EA	1	
33	호일	–	EA	1	
34	후라이팬	–	EA	1	

3. 실기시험자 도구 세팅

4. 실기시험 채점 기준표 및 출제기준

과목	세부항목	배점
공동 채점(10)	위생복 착용, 위생 상태	
	조리과정, 기구 취급	
	정돈, 청소	
조리 기술(60)	조리방법, 숙련도	
작품 평가(30)	맛, 색, 모양, 그릇	
실격	• 가스레인지 화구 2개 이상 사용한 경우 • 불을 사용하여 만든 조리 작품이 작품 특성에 벗어나는 정도로 타거나 익지 않은 경우 • 위생복, 위생모, 앞치마를 착용하지 않은 경우 • 시험 중 시설, 장비(칼, 가스레인지 등) 사용 시 감독위원 및 타수험자의 시험 진행에 위협이 될 것이므로 감독위원 전원이 판단한 경우	
미완성	• 시험시간 내에 과제 두 가지를 제출하지 못한 경우 • 문제의 요구사항대로 과제의 수량이 만들어지지 않은 경우	
오작	• 구이를 찜으로 조리하는 등과 같이 조리 방법을 다르게 한 경우 • 해당 과제의 지급재료 이외의 재료를 사용하거나 석쇠 등 요구사항의 조리도구를 사용하지 않은 경우	

<table>
<tr><td>직무
분야</td><td>음식
서비스</td><td>중직무
분야</td><td>조리</td><td>자격
종목</td><td>한식조리기능사</td><td>적용
기간</td><td>2023.1.1. ~
2025.12.31.</td></tr>
<tr><td colspan="8">○ 직무내용 : 한식메뉴 계획에 따라 식재료를 선정, 구매, 검수, 보관 및 저장하며 맛과 영양을 고려하여 안전하고 위생적으로 음식을 조리하고 조리기구와 시설관리를 수행하는 직무이다.
○ 수행준거
1. 음식조리 작업에 필요한 위생관련 지식을 이해하고, 주방의 청결상태와 개인위생·식품위생을 관리하여 전반적인 조리작업을 위생적으로 수행할 수 있다.
2. 한식조리를 수행함에 있어 칼 다루기, 기본 고명 만들기, 한식 기초 조리법 등 기본적인 지식을 이해하고 기능을 익혀 조리업무에 활용할 수 있다.
3. 쌀을 주재료로 하거나 혹은 다른 곡류나 견과류, 육류, 채소류, 어패류 등을 섞어 물을 붓고 강약을 조절하여 호화되게 밥을 조리할 수 있다.
4. 곡류 단독으로 또는 곡류와 견과류, 채소류, 육류, 어패류 등을 함께 섞어 물을 붓고 불의 강약을 조절하여 호화되게 죽을 조리할 수 있다.
5. 육류나 어류 등에 물을 많이 붓고 오래 끓이거나 육수를 만들어 채소나 해산물, 육류 등을 넣어 한식 국·탕을 조리할 수 있다.
6. 육수나 국물에 장류나 젓갈로 간을 하고 육류, 채소류, 버섯류, 해산물류를 용도에 맞게 썰어 넣고 함께 끓여서 한식 찌개를 조리할 수 있다.
7. 육류, 어패류, 채소류 등의 재료를 익기 쉽게 썰고 그대로 혹은 꼬치에 꿰어서 밀가루와 달걀을 입힌 후 기름에 지져서 한식 전·적 조리를 할 수 있다.
8. 채소를 살짝 절이거나 생것을 양념하여 생채·회 조리를 할 수 있다.</td></tr>
<tr><td colspan="2">실기검정방법</td><td colspan="2">작업형</td><td colspan="2">시험시간</td><td colspan="2">70분 정도</td></tr>
</table>

5. 수험자 유의사항

1. 만드는 순서에 유의하며, 위생과 숙련된 기능평가를 위하여 조리작업 시 맛을 보지 않습니다.
2. 지정된 수험자지참준비물 이외의 조리기구나 재료를 시험장내에 지참할 수 없습니다.
3. 지급재료는 시험 전 확인하여 이상이 있을 경우 시험위원으로부터 조치를 받고 시험 중에는 재료의 교환 및 추가지급은 하지 않습니다.
4. 요구사항 및 지급재료의 규격은 "정도"의 의미를 포함하며, 재료의 크기에 따라 가감하여 채점됩니다.
5. 위생복, 위생모, 앞치마, 마스크를 착용하여야 하며, 시험장비·조리기구 취급 등 안전에 유의합니다.
6. 다음 사항은 실격에 해당하여 채점 대상에서 제외됩니다.
   ① 수험자 본인이 시험 도중 시험에 대한 포기 의사를 표현하는 경우
   ② 위생복, 위생모, 앞치마, 마스크를 착용하지 않은 경우
   ③ 시험시간 내에 과제 두 가지를 제출하지 못한 경우
   ④ 문제의 요구사항대로 과제의 수량이 만들어지지 않은 경우

⑤ 구이를 조림 등으로 조리하여 완성품을 요구사항과 다르게 만든 경우
⑥ 불을 사용하여 만든 조리작품이 작품특성에 벗어나는 정도로 타거나 익지 않은 경우
⑦ 해당과제의 지급재료 이외 재료를 사용하거나 석쇠 등 요구사항의 조리기구를 사용하지 않은 경우
⑧ 지정된 수험자지참준비물 이외의 조리기구를 조리에 사용한 경우
⑨ 가스레인지 화구 2개 이상(2개 포함) 사용한 경우
⑩ 시험 중 시설·장비(칼, 가스레인지 등) 사용 시 시험위원 및 타수험자의 시험 진행에 위해를 일으킬 것으로 시험위원 전원이 합의하여 판단한 경우
⑪ 요구사항에 표시된 실격 및 부정행위에 해당하는 경우

7. 항목별 배점은 위생상태 및 안전관리 5점, 조리기술 30점, 작품의 평가 15점 입니다.
8. 시험시작 전 가벼운 몸 풀기(스트레칭) 동작으로 긴장을 풀고 시험을 시작합니다.

6. 위생상태 및 안전관리 세부 기준

순번	구분	세 부 기 준
1	위생복 상의	• 전체 흰색, 손목까지 오는 긴소매 : 조리과정에서 발생 가능한 안전사고(화상 등) 예방 및 식품위생(체모 유입방지, 오염도 확인 등) 관리를 위한 기준 적용 – 조리과정에서 편의를 위해 소매를 접어 작업하는 것은 허용 – 부직포, 비닐 등 화재에 취약한 재질이 아닐 것, 팔토시는 긴팔로 불인정 • 상의 여밈은 위생복에 부착된 것이어야 하며 벨크로(일명 찍찍이), 단추 등의 크기, 색상, 모양, 재질은 제한하지 않음(. 단, 핀 등 별도 부착한 금속성은 제외)
2	위생복 하의	• 색상·재질무관, 안전과 작업에 방해가 되지 않는 긴바지 – 조리기구 낙하, 화상등 안전사고 예방을 위한 기준 적용
3	위생모	• 전체 흰색, 빈틈이 없고 바느질 마감처리가 되어 있는 일반조리장에서 통용되는 위생모 (모자의 크기, 길이, 모양, 재질(면, 부직포) 등은 무관)
4	앞치마	• 전체 흰색, 무릎아래까지 덮이는 길이 – 상하일체형(목끈형) 가능, 부직포·비닐 등 화재에 취약한 재질이 아닐 것
5	마스크	• 침액을 통한 위생상의 위해 방지용으로 종류는 제한하지 않음. (단, 감염병 예방법에 따라 마스크 착용 의무화 기간에는 '투명 위생 플라스틱입가리개'는 마스크 착용으로 인정하지 않음)
6	위생화(작업화)	• 색상 무관, 굽이 높지 않고 발가락·발등·발뒤꿈치가 덮여 안전사고를 예방할 수 있는 깨끗한 운동화 형태
7	장신구	• 일체의 개인용 장신구 착용 금지(단, 위생모 고정을 위한 머리핀 허용)
8	두발	• 단정하고 청결할 것, 머리카락이 길 경우 흘러내리지 않도록 머리망을 착용하거나 묶을 것

순번	구분	세 부 기 준
9	손/손톱	• 손에 상처가 없어야하나, 상처가 있을 경우 보이지 않도록 할 것(시험위원 확인 하에 추가 조치 가능) • 손톱은 길지 않고 청결하며 매니큐어, 인조손톱 등을 부착하지 않을 것
10	폐식용유 처리	• 사용한 폐식용유는 시험위원이 지시하는 적재장소에 처리할 것
11	교차오염	• 교차오염 방지를 위한 칼, 도마 등 조리기구 구분 사용은 세척으로 대신하여 예방할 것 • 조리기구에 이물질(예, 테이프)을 부착하지 않을 것
12	위생관리	• 재료, 조리기구 등 조리에 사용되는 모든 것은 위생적으로 처리하여야 하며, 조리용으로 적합한 것
13	안전사고 발생처리	• 칼 사용(손 빔) 등으로 안전사고 발생 시 응급조치를 하여야 하며, 응급조치에도 지혈이 되지 않을 경우 시험진행 불가
14	부정방지	• 위생복, 조리기구 등 시험장내 모든 개인물품에는 수험자의 소속 및 성명 등의 표식이 없을 것(위생복의 개인 표식 제거는 테이프로 부착 가능)
15	테이프사용	• 위생복 상의, 앞치마, 위생모의 소속 및 성명을 가리는 용도로만 허용

※ 위 내용은 안전관리인증기준(HACCP) 평가(심사) 매뉴얼, 위생등급 가이드라인 평가 기준 및 시행상의 운영사항을 참고 하여 작성된 기준입니다.

7. 위생상태 및 안전관리에 대한 채점기준 안내

위생 및 안전 상태	채점기준
1. 위생복(상/하의), 위생모, 앞치마, 마스크 중 한 가지라도 미착용한 경우 2. 평상복(흰티셔츠, 와이셔츠), 패션모자(흰털모자, 비니, 야구모자) 등 기준을 벗어난 위생복장을 착용한 경우	실격 (채점대상 제외)
3. 위생복(상/하의), 위생모, 앞치마, 마스크를 착용하였더라도 • 무늬가 있거나 유색의 위생복 상의·위생모·앞치마를 착용한 경우 • 흰색의 위생복 상의·앞치마를 착용하였더라도 부직포, 비닐 등 화재에 취약한 재질의 복장을 착용한 경우 • 팔꿈치가 덮이지 않는 짧은 팔의 위생복을 착용한 경우 • 위생복 하의의 색상, 재질은 무관하나 짧은 바지, 통이 넓은 힙합스타일 바지, 타이츠, 치마 등 안전과 작업에 방해가 되는 복장을 착용한 경우 • 위생모가 뚫려있어 머리카락이 보이거나, 수건 등으로 감싸 바느질 마감처리가 되어있지 않고 풀어지기 쉬워 일반 조리장용으로 부적합한 경우 4. 이물질(예, 테이프) 부착 등 식품위생에 위배되는 조리기구를 사용한 경우	'위생상태 및 안전관리' 점수 전체 0점

5. 위생복(상/하의), 위생모, 앞치마, 마스크를 착용하였더라도 • 위생복 상의가 팔꿈치를 덮기는 하나 손목까지 오는 긴소매가 아닌 위생복(팔토시 착용은 긴소매로 불인정), 실험복 형태의 긴가운, 핀 등 금속을 별도 부착한 위생복을 착용하여 세부기준을 준수하지 않았을 경우 • 테두리선, 칼라, 위생모 짧은 창 등 일부 유색의 위생복 상의·위생모·앞치마를 착용한 경우(테이프 부착 불인정) • 위생복(상/하의), 위생모, 앞치마, 마스크에 수험자의 소속 및 성명을테이프 등으로 가리지 않았을 경우 6. 위생화(작업화), 장신구, 두발, 손/손톱, 폐식용유 처리, 안전사고 발생처리 등'위생상태 및 안전관리 세부기준'을 준수하지 않았을 경우 7. '위생상태 및 안전관리 세부기준'이외에 위생과 안전을 저해하는 기타사항이 있을 경우	'위생상태 및 안전관리' 점수 일부 감점

※ 위 기준에 표시되어 있지 않으나 일반적인 개인위생, 식품위생, 주방위생, 안전관리를 준수하지 않을 경우 감점처리 될 수 있습니다.

※ 수도자의 경우 제복 + 위생복 상의/하의, 위생모, 앞치마, 마스크 착용 허용

7. 실기시험 복장

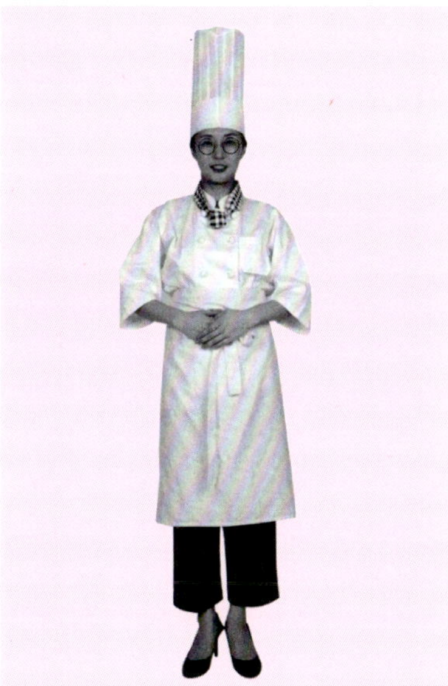		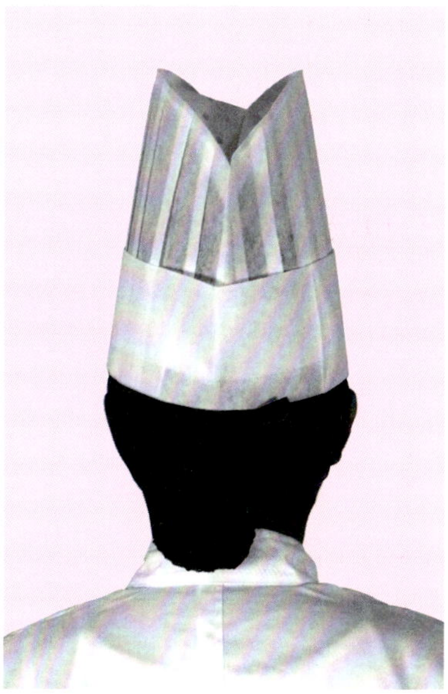
앞면	뒷면	뒷모습(모자)

참고 문헌

- 강인희, "한국의 맛", 대한교과서, 1992.
- 복혜자, "고급 한국요리", 지구문화, 2018.
- 윤서석, "우리나라 식생활 문화의 역사", 신광출판사, 1999.
- 윤숙자, "한국의 시절음식", 지구문화, 2000.
- 윤숙자·강재희·김운진, "한국음식 기초조리", 지구문화, 2020.
- 황현주 외 9인, "전통한식과 약선요리", 지구문화, 2021.

한 권으로 끝내는 **한식 조리**

2023년 3월 20일 초판 인쇄
2023년 3월 25일 초판 발행

지은이 • 박향숙 · 이혜경 · 김귀순
김운진 · 양동휘 · 전보경
발행인 • 주병오 · 주민기

발행처 • ㈜지구문화 JIGU CULTURE Co.Ltd
주　소 • 경기도 파주시 회동길 209
파주출판문화정보산업단지
영업부 • 031–955–7566 · 7577
편집부 • 031–955–7731
F A X • 031–955–7730
홈페이지 • www.ji–gu.co.kr
전자우편 • jigupub@hanmail.net
등록번호 • 1979년 7월 13일 제 9–57호

ISBN 978–89–7006–753–7　가격 : 22,000원